HOMBRES

Guía para conocerlos mejor

Norberto García

editores mexicanos unidos, s. a.
Colección
Amor

D. R. © Editores Mexicanos Unidos, S. A.
Luis González Obregón 5, Col. Centro,
Cuauhtémoc, 06020, D. F.
Tels. 55 21 88 70 al 74
Fax: 55 12 85 16
editmusa@prodigy.net.mx
www.editmusa.com.mx

Coordinación editorial: Mabel Laclau Miró
Diseño de portada: Carlos Varela
Ilustración de interiores: Alejandro Mendoza
Formación y corrección: Equipo de producción de
Editores Mexicanos Unidos

Miembro de la Cámara Nacional
de la Industria Editorial. Reg. Núm. 115.

1a edición: agosto de 2010

ISBN (título) 978-607-14-0533-3
ISBN (colección) 978-607-14-0186-1

ISBN 978-607-14-0533-3

Impreso en México
Printed in Mexico

Es más necesario estudiar
a los hombres que a los libros.

FRANÇOIS DE LA ROCHEFOUCAULD

Introducción

El famoso astrónomo británico Stephen Hawking, aseguró durante una conferencia en Hong Kong que: *nos estamos acercando a responder preguntas como: ¿por qué estamos aquí? o ¿de dónde venimos*? Luego ironizó sobre el universo, cuyo origen consideró más fácil de entender que a las mujeres. Hawking reconoció que sus ambiciones en la vida son precisamente conocer el origen del universo, qué ocurre dentro de los agujeros negros, cómo podrán sobrevivir los humanos dentro de 100 años... y llegar a comprender a las mujeres.

Aunque, en este caso, la ambición sería llegar a entender a los hombres. En el rol de los géneros, ambos tienen sus defectos y sus virtudes, mas hay un tumulto de actitudes, conductas, posturas, gestos, rumbos y sentidos masculinos a los que muchas de ustedes no les ven la lógica o la sensatez.

No sé si alguna vez hayas escuchado que el hombre debería venir con un manual. La lectura de las siguientes páginas te ayudará a comprender, clasificar, amar u odiar distintos tipos de hombres.

En el **primer capítulo** sabrás por qué el hombre se obsesiona con el sexo: piensa, hace, deshace, fantasea y se duerme. **Sexo = hombre**.

El **siguiente espacio** está dirigido a sus hormonas del amor. Cómo lo siente, cómo lo ve, cómo lo crea y desea en una mujer.

Después comprenderás por qué racimos y más racimos de hombres ni por asomo piensan en el matrimonio, al menos a corto plazo. **Compromiso y matrimonio** son dos palabras malas en el léxico masculino. A cientos les suenan como el final del romance y del sueño, y el principio de la rutina y las deudas. Aquí, las excusas van de lo increíble a lo risible, ya lo leerás.

El **cuarto capítulo es ¡importantísimo!** porque se centra en los sentimientos masculinos... sobre todo en aquellos en los que, se supone, el hombre no es muy bueno: el amor, el perdón y el valor. Sentimientos que permanecen bloqueados en él desde su infancia hasta que es adulto, y algunas de sus consecuencias.

Más adelante, conocerás la importancia del futbol, los amigos, las conquistas y el famoso **Club de Tobi**, un lugar masculino por excelencia, en donde ni por error pueden entrar las damas.

Luego, reconocerás esas creencias culturales que el varón ha adquirido desde la infancia y que de alguna forma lo hacen vulnerable, terco y hasta insoportable.

El séptimo capítulo es trascendental. Al leerlo sabrás, ¡por fin!, por qué siempre se olvida de tu cumpleaños o por qué no es detallista o se distrae tanto.

Después conocerás aquellas compulsiones masculinas que te afectan... como es el caso de su **madre**.

El **noveno capítulo** es especial, ya que hace referencia a la forma de pensar y hablar de tu galán... y por qué no lo comprendes. Lo que sale de su boca es como una lengua muerta que no alcanzas a descifrar. Aquí lograrás hacerlo.

Lo que **sigue** es mostrar el proceso que siguen ciertos "caballeros", que de *homo sapiens* pasan a *homo brutus.*

Por último, la cereza en el pastel, pues viene a darle color y sabor al **hombre perfecto,** el que tú y todas tus colegas quieren, desean y sueñan. Es decir, ese **caballero** que las hace suspirar y por el que estarían dispuestas a dar más que la vida.

Capítulo 1

Las sábanas de narciso: su sexo

Las sábanas de narciso: su sexo

Que el hombre sólo piensa en sexo. Que es un patán, pues se duerme después de hacer el amor. Que no importa que vaya contigo, se la pasa volteando cada vez que ve a una chica. Que su mejor amigo no es su perro, sino su pene, etc. Estoy cierto que uno de los elementos que más pone en tela de juicio a un caballero es el sexo. Cómo lo hace, cómo lo da, cómo lo siente. Es bajo las sábanas en que él deja al descubierto evidencias de su actitud.

No se requiere de mucha ciencia para saber que el sexo es importante para el hombre, sin embargo es un asunto más complicado de lo que parece.

1. El sexo es muy importante

Un estudio estadunidense de la revista femenina *Psychology of Women Quarterly* descubrió que “cuando un hombre y una mujer se conocen por primera vez, es más probable que el hombre sólo esté buscando sexo (y que lo admita)”. En el experimento, ellos las calificaron como más “sexys” o "deseables" que como "interesantes" o "guapas". Curioso, ¿cierto? Y sí, tiene mucho de cierto, para dos docenas de caballeros el sexo *Is The Master*, es decir, es muy, muy, muy importante; tal vez mucho más que el poder o la fama, difícilmente podrían vivir sin él, y con tal de tenerlo, son capaces de muchas cosas: comprometerse, bajar la Luna y las estrellas, ser infieles, decir que sí a todo, dar dinero o regalos, domar al gorila que llevan dentro y hasta cocinar para la suegra.

¡Sexo, sexo, sexo! Datos del famoso Instituto de Sexología Kinsey revelan que 54 % de los varones piensa en sexo varias veces al día; 43 % afirma que lo hace pocas veces y 4 %, menos de una vez al mes. Sea como sea piensan en sexo... muchísimo más que las mujeres. Las altas concentraciones de testosterona que llenan al varón juegan un papel importante, pero también las cuestiones culturales, de machismo y virilidad o ya sea que las neuronas estén programadas para ello.

Súplica masculina. *No hace falta que preguntes en qué estoy pensando: 96.5 % de las veces es en sexo. Y no, no es que sea un pervertido, simplemente es lo que más me gusta.*

Sugerencia. La única forma de que tu *sexman* piense más que en sexo es reiterándole que es rico, siempre y cuando se haga moderadamente y que en el amor hay mucho más que irse a la cama: romance, conquista, charla, juegos, comunicación, paseos. El sexo es maravilloso, pero siempre que sea la culminación de un acto amoroso. Puedes hacer tu labor de convencimiento de la siguiente manera:

- Todos los días demuéstrale con abrazos, besos, arrumacos, apoyos y consejos, todo el amor que sientes por él. Será el medio por el cual comprenderá que, en efecto, antes que el sexo... está **el amor**.
- Cuando hagan el amor, tu entrega debe ser profunda e intensa. Que toda su pasión explote junto contigo. Ambos saldrán ganando.

Sigue estos consejos. Él compensará su impulso y tú lo mantendrás a raya.

Una teoría gusana

En Londres, investigaciones sobre el comportamiento de los gusanos sugieren que si los hombres pudieran dejar de pensar en el sexo vivirían más. El científico David Gems descubrió que cuando los gusanos masculinos son puestos junto con los femeninos, viven 10 días; mientras que cuando son puestos en aislamiento, viven 20. (La separación con los de su contraparte femenina no tiene efecto en la brevedad de sus vidas.)

2. Qué piensa cuando desnuda a una mujer por primera vez

Miedos, deseos, ansiedad, imaginación, satisfacción y mucha paranoia invaden su cabeza. Todo en él es ver, tocar, sentir, percibir y oler "algo nuevo", que en breve va a disfrutar. La testosterona se aloca. He aquí lo que transcurre por su cabeza.

Carne fresca. Cuando sale con una mujer que apenas conoce, se pregunta *¿cómo se verá desnuda?* Y cuando la ve en traje de Eva… es un alucine visual. Todos sus sentidos se regodean en esa imagen. Si ha tenido pareja durante años, lo nuevo le parecerá increíble en cuestión de imagen, olor, dimensiones, texturas, color, curvas y firmezas.

La memoria. El hombre es un coleccionista. Le gusta reunir cosas y verlas una y otra vez. Y esto es válido para el sexo. Por eso, durante esa primera vez construye imágenes que puede conservar. Como si fuera un *voyeurs* o mirón de su propio encuentro. Y como "animal" visual, siente la necesidad de observar. Y si es un cuerpo diferente y fresco, qué más puede pedir. Es una delicia para sus emociones y hormonas.

El erotismo entra por los ojos. En el ajetreo inicial de la pasión, él llega al máximo de su felicidad. Estar con una nueva mujer, empezar a sacarse la camisa y darse cuenta de que el sexo es inminente es una sensación increíble. Porque no importa con cuántas mujeres haya estado, sigue pareciéndole una fantasía, un sueño imposible... Supongo que pasa tanto tiempo fantaseando con eso que, cuando sucede, ¡no lo puede creer!

Aprende a desvestirte para una sesión íntima

- **Quédate en alto**. Si tus zapatos son de tacón y muy sugestivos, úsalos hasta quedarte desnuda.
- **Muévete**. Cada quien debe descubrir su propio ritmo. Tu cuerpo debe expresar, seducir e invitar con cada movimiento, con cada prenda que cae.
- **Juega**. Bromea con cada prenda que desabotones. Y sobre todo, ¡sonríe!
- **Sé segura**. No hay nada mejor que una chica desinhibida, que no se preocupe por sus piernas delgadas. Siéntete así y no habrá obstáculo en dejar caer la toalla.
- **Míralo**. Mientras te desvistes, ¡nunca dejes de verlo a los ojos! Es poder.
- **No corras**. La prisa enfría. Hazlo con gracia, con sensualidad.
- **Esconde un poquito**. La semidesnudez es clave para provocar la excitación. Abre los botones de tu blusa, mientras te quitas lentamente un zapato.

Algo diferente

- Siempre hay curvas que un varón no espera, y eso crea ansiedad por tocar y besar cuanto antes esas maravillosas diferencias.
- El hombre goza con la visión de todas tus prendas. Tanto las que caen como las que te pones. Por lo tanto, no te olvides de los encajes, las medias y las minúsculas *panties*.
- El rojo y el negro son más estimulantes para sus ojos.

3. ¿Qué le brinda una erección?

Las cifras arrojan que los hombres tienen una erección cada 90 segundos, aunque no siempre por motivos sexuales: por cambios de temperatura, por estar sentados y cruzar y descruzar piernas, al dormir, al levantarse. Y esta evidencia, en lugar de enaltecer, puede causarles vergüenza al tratar de disimularla a toda costa. Mas cuando es por excitación, el sentimiento se transforma en soberbia viril. Ser dueño de la resurrección de ese trozo de carne brinda un poderoso motivo de poder y virilidad. Y más aún cuando el susodicho observa la expresión femenina de asombro ante lo que orgullosamente exhibe, el cetro del reinado masculino; pues a esa insignia le tiene más fe que a cualquier santo, deposita en ella todo lo que es como hombre: su fortaleza física y emocional. Pero cuando, por desgracia, la erección dura menos que un suspiro, entonces no sólo él se viene abajo sino ¡todo! En efecto, el pene es mucho más que el "miembro viril", la escueta definición que le otorga el diccionario de la lengua española.

Sugiérele que ser hombre es mucho más que una erección. Es trabajo, responsabilidad, entrega, aspiraciones, sueños e ilusiones. Sutilmente déjale entrever que cuando su inseparable compañero no se pare, no tiene que ser precisamente porque sea disfuncional, sino puede ser hasta por estrés o por cansancio.

Como en el servicio militar, siempre firmes:

- 10 segundos es lo que lleva a muchos a alcanzar la erección.
- 40 minutos es el tiempo aproximado que un varón puede mantener su erección.
- 11 erecciones en promedio tiene un caballero durante el día y nueve en la noche. Las primeras que tiene un hombre se dan cuando aún es un feto; esto es, en el último trimestre del embarazo.

4. ¿Qué piensa cuando tiene sexo?

Justo en el momento en que penetra, un cúmulo de sensaciones, sentimientos, emociones y desvaríos circulan como un torbellino en la mente masculina. Al comienzo se ocupan de coordinar y dirigir la acción para que una vez iniciado el vaivén húmedo piensen en...

Fantasías. Si son feos, se sienten terriblemente atractivos. Si no detentan más que 11 centímetros, imaginan que rebasan los 18 y medio. Si son más que comunes, se sienten una celebridad bajo las sábanas. Si son flacos, se sienten musculosos, se ven tan irresistibles, tan poderosos sexualmente, que su mente puede convertir a su delgada pareja en una Pamela Anderson corriendo por la bahía y escurriendo agua de placer.

Ser actores. ¡Así es! Son racimos de caballeros los que en este erótico momento se convierten en protagonistas de cintas XXX. Actúan como si cámaras imaginarias estuviesen enfocando y grabando cada movimiento frenético que realizan. Cada gesto, cada *entrada* y *salida*, cada gemido. Crean su erotismo "fílmico" bajo la dirección de ellos mismos. Oscar a la mejor actuación.

Colecciones. En efecto, el hombre es coleccionista por naturaleza: gorras, estampas, monedas, trofeos, historietas cómicas, autos, chicas y experiencias sexuales. ¡Sí! Experiencias sexuales. Es por eso que durante el acto erótico trata de crear imágenes que pueda conservar. En este vaivén casi siempre piensa: *¿cómo obtener el mejor ángulo para que esto quede permanentemente grabado en mi memoria?* Y si ésta es buena puede recordarla cuando él quiera.

En suma. Amén de que ellos tengan sexo por **mero placer**, éste es un detonante para que descarguen tensiones o necesidades. Además, en su mente, les retribuye por todo lo que carecen en su vida diaria.

Y cuando están a punto de llegar al clímax, su mente vuela con todo tipo de imágenes... Cuando llegan al borde, todas se esfuman. Es como una purga. Todo pensamiento consciente se va y están completamente presentes y exhaustos en la cama. Sólo les queda fuerza para darse vuelta y dormir.

Tip Erótico

Intercambien una lista de deseos sensuales que cada uno debe concederle al otro con una sola condición: que el deseo se lleve a cabo cuando el otro menos lo espere. Tiéndele una emboscada mordisqueándole las orejas, susurrándole ligeras obscenidades, besándolo donde nunca antes. O dile que cumpla una de tus fantasías.

Lo que él quiere que pienses durante cada etapa del encuentro

Al desvestirse

Le gusta que pienses: *dios mío, qué tamaño tiene esa cosa...* Y como contra parte le horrorizaría que pensaras: *dios mío... qué chiquita es esa cosa.*

Besos / caricias
Lo que desea que pienses: *No puedo resistir. Estoy indefensa ante tus poderes de seducción.* Lo que tiembla que llegues a pensar: *Uff. Qué aliento de dragón.*
La penetración
Le gustaría que pienses: *oh, eres enorme, me estás matando, quiero más de esto.* Le espanta que venga a tu mente: *¿ya estará adentro?*
Tu orgasmo
Lo que sueña que pienses:*¡oh, sí, sí, sí! ¡Esto hará historia!... ¡oh, sí!* Lo que le aterraría que estuvieses pensando: *merezco un Oscar por esta actuación.* Lo que le llevaría a un infarto: *oh, sí (el que tuve con Pedro sí hizo historia).*
Después del sexo
Lo que le pondría contento que tuvieras en mente: *ahora sé lo que se siente durante un terremoto.* Lo que lo pondría al borde de la locura: *quizá deba aceptarle a mi amiga gay su invitación para ir a un reventón sólo para mujeres.*

Consejo erótico. ¿En qué forma prefieres que una mujer te muestre que quiere hacer el amor contigo y qué posición te gustaría experimentar? Fueron dos preguntas, de 50, hechas a 2 mil hombres de Latinoamérica, por una institución inglesa de sexualidad. La respuesta a la primera tuvo un común denominador: "¡Te deseo!". Según los encuestados, estas dos palabras tienen más fuerza que acciones como tomar su mano y llevarlo a la alcoba, e incluso tomarle directamente el pene. "Los hombres responden mejor a las frases explícitas", dice la explicación. Luego añade: "las mujeres piensan que lo mejor es mostrarles a los hombres lo que quieren con acciones directas, pero ellos prefieren que se lo indiquen con palabras."

En cuanto a la posición, la de "vaquera" ganó, pero... al revés; o sea, dando la espalda. "Es muy erótico —explican— porque como no nos estamos mirando a los ojos, podemos concentrarnos más en el aspecto físico y menos en el emocional. Además la espalda y otros atributos en esa área son muy hermosos". Así que a echar a andar esto, digo nada pierdes y sí podrías ganar mucho.

5. Cómo es un orgasmo masculino

Cuando un hombre está a punto de alcanzar un orgasmo de 100 decibeles, aprieta los glúteos, se corruga, se espasma, hace muecas, gime, respira rápido, te sujeta con más fuerza y lanza un alarido estremecedor. Un gran orgasmo masculino es como si se bajase de la montaña rusa, no hay forma de parar la intensa sensación que nubla los sentidos masculinos, que acalora la piel y los deja descerebrados. Es el resultado de una mezcla de pensamientos e imágenes sexuales y mucha fricción. Cuando está a punto de eyacular, tiene algunos segundos para localizar la imagen precisa que complemente las exquisitas sensaciones físicas que está experimentando: visiones porno, fantasías y perversiones diversas. Cuando llega al borde, todas se van como si fuese una purga. Durante los 30 segundos siguientes del colapso, está en una completa felicidad y relajamiento.

Un intenso orgasmo masculino es como quedarse en coma, para caer en picada al enfriamiento. Sin embargo, el nivel de excitación desciende muy rápido, más de lo que se tardaría en apagar una vela en una tormenta; en vez de irse apagando lentamente, como el de la mujer, el masculino llega a la cima y cae de manera estrepitosa. Una experiencia emocional y física tan fuerte que deja sin energía a los poros, arterias y hormonas.

Así que compréndelo. El ritmo cardiaco masculino, que en reposo tiene una media de unas 70 pulsaciones por minuto, durante el orgasmo casi se duplica, elevándose a 120. Es una labor titánica que de alguna forma explica mucho la actitud posterior del hombre. Déjalo que vaya sintiendo esa dulce sensación post-orgásmica; déjalo que respire, dale espacio, no le digas nada y tiéndete solamente detrás de él.

Numeralia seminal

- ¿De qué está compuesto el semen? De uno a diez por ciento de esperma; el resto es plasma seminal. Este es un líquido que lo contiene todo, desde agua y azúcares simples (que proporcionan el combustible para la esperma) hasta sustancias alcalinas, vitamina C y zinc.
- ¿Qué cantidad de semen es liberado en una eyaculación típica? Tal vez parezca más, pero es sólo una cucharadita en los hombres entre los 18 y 36 años.
- ¿Cuántas calorías hay en una cucharada de semen? Alrededor de 10 calorías.

6. Qué siente cuando tú tienes un intenso orgasmo

Los machos tienen muchos retos: peleas, carreras de autos, borracheras y conquistas. Mas uno que se les complica (casi imposible) es propiciarle un intenso orgasmo a una mujer y no uno a medio cocer. Cuando lo logran, se sienten **¡muy hombres!** Digo, en estos tiempos de impotencia y precocidad, el que una chica llegue a tan ansiada intensidad, enaltece el ego, la virilidad, la presunción de machos. En el momento justo en que una mujer se abandona a esa *petit mort* (pequeña muerte), el susodicho se reviste de heroicidad.

Consejo. Los orgasmos provocan un sentimiento muy especial en ambos. Un orgasmo dura sólo unos cuantos segundos. Pero esa brevedad se compensa, ya que es el placer físico y espiritual más intenso que puedas experimentar. ¿Qué ocurre dentro de tu cuerpo cuando lo experimentas? Tantas cosas y cada quien lo vive diferente. Tener un clímax posee una frustrante paradoja: cuanto más se persigue, más difícil resulta alcanzarlo. Sólo una completa relajación interior permite disfrutarlo con plenitud. Si deseas alcanzar uno intenso es imprescindible que estés relajada, te concentres en el sexo y dejes atrás tus preocupaciones. Al hacerlo, sentirás:

Que tu cuerpo se desintegra para fundirse con el cosmos.

Que un rayo te atraviesa la columna vertebral y llega hasta el cerebro.

Que una sacudida electromagnética te transporta fuera del tiempo y el espacio.

> Una herida de éxtasis y placer que desgarra el cuerpo como si lo iluminara... un goce excesivo, un goce semejante a una pequeña muerte que ninguna droga o bebida alcohólica puede dar...

7. ¿Por qué se duerme después del sexo?

No es gratuito que después de un intenso orgasmo el hombre se quede en coma.

Así es, 11 de cada 10 mujeres se preguntan, ¿por qué después del sexo el hombre se da media vuelta y se echa a dormir en lugar de llenarla de besos? O en el mejor de los casos se fuma un cigarrillo en total silencio. Hay tres razones:

Primera. El nivel de excitación de los hombres llega a la cima y luego cae de manera estrepitosa, sin red de seguridad alguna. Es increíble cómo un hombre puede consumirse en un momento por el deseo y al siguiente, estar totalmente desinteresado. Ni siquiera desean que los toquen, sobre todo en los genitales, que en esos momentos están más sensibles que una llorona en sepelio.

Segunda. Es una experiencia aeróbica tan intensa, que los deja sin energía mental. Ellos no piensan en nada ni en nadie. Sus neuronas han recibido una fuerte descarga eléctrica que los ha dejado sin luz; no pueden moverse, se quedan exhaustos y con el peligro inminente de un paro respiratorio; sólo les queda fuerza para medio acomodarse y dormir.

Tercera. La nicotina juega un papel fundamental para supuestamente abastecer de fuerza renovada; si ya no para el sexo, sí para estar despiertos, y medio platicar. El cigarro les da un sentimiento de poder, de sentirse hombres después de todo ese desgaste hormonal, físico y mental.

Consejo. No preguntes ni acaricies. Sólo acurrúcate detrás de él y déjate llevar por el dulce sueño. Esta actitud es la cereza que corona su pastel, con su silencio te lo agradecerá y sabrá que eres su chica, que lo comprendes y sabes por todo lo que está pasando.

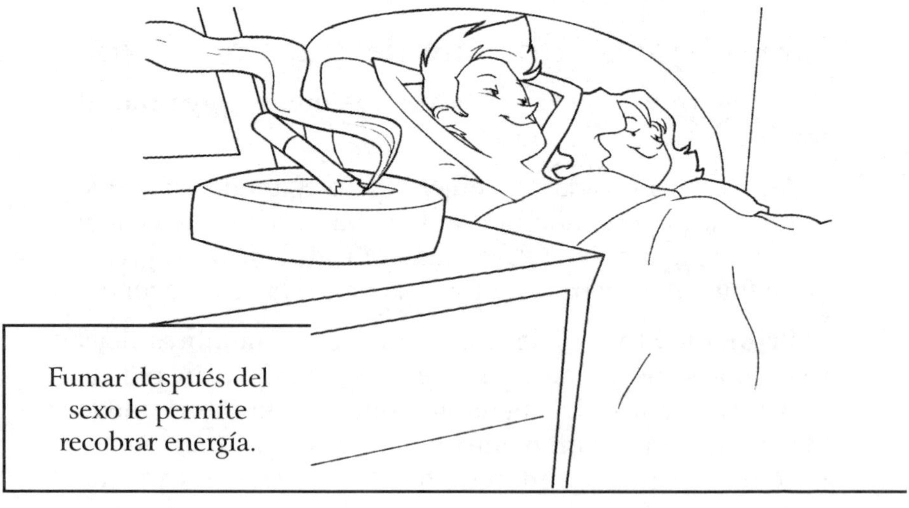

Fumar después del sexo le permite recobrar energía.

Amor de una noche

Después de una aventura de una sola noche, explican especialistas ingleses, es menos probable que él se quede a dormir en tu casa porque la hormona oxitocina, que lo pone cariñoso y contribuye a su sedación, se disipa más rápido cuando se trata de un *affaire* casual que de una unión formal.

8. Verdades sobre su mejor amigo: el pene

En la antigüedad, los griegos le dieron la categoría de divinidad al pene. Tenían varios dioses consagrados a éste: como Príapo, Dionisio y Hermes (palabra que significa "pene"). Por su parte, Baco era el dios romano del miembro viril; Osiris era el egipcio y Shiva el indio.

Esta concepción de los griegos permanece en la actualidad. El hombre contemporáneo ha depositado en su mejor amigo, el pene, su virilidad, machismo, hombría, poder, éxito, dominio, capacidad… Mucho más que la inteligencia, el atractivo físico o incluso el dinero. Para muchos es como un dios... Máxime si el susodicho es fuerte, firme, grueso y grande. Porque para el varón, uno pequeño, blancuzco, delgado y débil es sinónimo de mediocridad. Uno moreno, grueso y muy, muy grande, sugiere a un hombre... muy hombre. Condición social que se traduce como verdad absoluta. Muchos al no ostentar un miembro de esas dimensiones, se deprimen hasta las lágrimas; cuando ni por enterados están que *eso* a veces ni les interesa a las damas.

Consejo. Nunca le digas a un caballero con pene pequeño:

- ¡Míralo, qué preciosidad!
- Y, ¿si sólo nos abrazamos?
- ¡Ayyy, tiene frío!
- ¡Míralo, se está escondiendo, tiene pena!

Mejor dile que no genitalice su virilidad. Que hay tantas cosas por las que un hombre... es muy hombre, como respetar, comprender, trabajar y amar a una mujer, un trabajo, una profesión, entre otros. Estas virtudes son mucho más importantes que el mito del pene grande. Grande tendrá que ser su corazón, su amor y el respeto que siente hacia ti.

Tal vez si uno tuviera el pene más grande del mundo vendería muchos álbumes, pero no es así. Creo que tengo el miembro más pequeño del planeta ahí abajo.

Numeralia peneal

- Las medidas más comunes del miembro viril en reposo son (aproximadamente) 10 centímetros de longitud por 3 de diámetro y 75 gramos de peso.
- En erección, las medidas de éste, para que sea completamente funcional durante el coito, van de ocho a doce centímetros.
- Mientras un pene grande, puede triplicar su tamaño en erección, uno pequeño puede multiplicarlo por siete, con lo que ambos serán similares.
- Los testículos varían de tamaño y cada uno pesa alrededor de 25 gramos.
- El famoso filósofo Aristóteles decía que los testículos sólo servían de contrapeso al miembro cuando estaba en erección.

El problema es que Dios le dio al hombre un pene y un cerebro, pero no suficiente sangre para que funcionen ambos al mismo tiempo.

ROBIN WILLIAMS

9. Animales visuales

Es un hecho comprobado que a la mayoría de los hombres les es inevitable voltear cuando pasan delante de una atractiva y generosa mujer... vayan éstos contigo o aquélla con su galán... eso es lo de menos. ¿A poco no? ¡Casi se rompen el cuello, chocan o se caen...! Como machos conquistadores, esta actitud les nace de la cantidad industrial de testosterona que corre por sus venas. Ellas son, en parte, las culpables de muchos accidentes (se han dado casos en donde los hombres distraídos son atropellados o caen en una coladera destapada). Aunque existe una razón científica tras esta actitud: los hombres son animales visuales, o lo que es lo mismo, están visualmente orientados. Eso hace que la cabeza de tu novio gire en un ángulo de 360°, como en la película de *El exorcista*, cuando ve pasar a otra chica, y se excite con rapidez ante una imagen sexy. Lo que significa que el más breve vistazo a algo erótico (un escote, un cruce de piernas un movimiento de caderas), puede electrizarlos.

De pilón. Hay patrones heredados de conquista, machismo, virilidad o está el hecho de que la mente masculina está programada genéticamente para admirar rostros, pechos, piernas y glúteos femeninos. Ni el más casto puede resistirse.

Sé su elemento visual. Si entre ustedes hay cierta apertura sexual, baila frente a él un seductor *striptease* y mira cómo se derrite por ti. No importa si tienes mucha o poca experiencia, una mujer bailando frente a los ojos de un caballero es como un caramelo para un niño de tres años. Prepárate de antemano: música suave de fondo, aroma dulce, quizás un poco de penumbra, tal vez un espejo... Y cuando lo hagas, hazlo lento, pero a la vez intenso. Si acaso llegan a tener sexo, él derrochará intensidad, ya lo verás.

¡Así es!

Se tiene un registro de racimos de caballeros que han muerto por no fijarse cuando van por la calle y ven cruzar a una dama.

10. Senos, cosenos y ¡tangentes!

Elevados al pedestal de íconos, los pechos femeninos son la encarnación del deseo, la región más visible de la feminidad. Objetos eróticos y símbolos de la maternidad o de la "patria" (en la Revolución Francesa, el símbolo de la patria era una mujer con el torso desnudo. El amamantar se convirtió en un acto de propaganda contra la aristocracia que contrataba nodrizas). Y en tal patria, es un hecho que la mayoría de los hombres enloquece cuando ve los pechos femeninos. Disfrutan, padecen, se excitan o sufren desvelos por ese par de protuberancias femeninas llamados senos, pechos, mamas, busto, bubis, lolas... Doble imán que jala las famosas carretas.

¿Por qué esa endiablada atracción?

Después de todo, los hombres también tienen pechos, aunque tan improductivos como una máquina quita nieves en el Sahara. Los partidarios del doctor Freud dirán que esta fijación está condicionada por el deseo de revivir esas vagas memorias infantiles que guardamos acerca de la lactancia materna. Tal vez. Aunque también se argumenta que mucho tiene que ver con que los senos simbolizan la esencia de la feminidad: aterciopelados, curvos, sensibles al tacto y acogedores ("alimenta al hijo y regocija al padre", dice el Corán). A la mayoría de los hombres les basta mirar un par de senos por la calle (sobre todo si son generosos o firmes, y oscilan con el caminar de su dueña) para creer que están viendo un par de ángeles; cuando los tocan, sienten que han alcanzado el paraíso; y si los besan (y otras cosas), Dios está con ellos. Por lo tanto, para cada tamaño, altura, firmeza, textura, sensibilidad y garbosidad hay partidarios.

Consejo. Las mujeres están conscientes del poder de los senos y compiten, pues también saben que el tamaño de éstos les da estatus; un nivel de privilegio ante las otras y una posición de dominio y preferencia entre los hombres.

Muchas mujeres buscan cambiar la apariencia de sus senos: aumentar o reducir el volumen, darles mayor altura o firmeza, de acuerdo a la cultura de la estética que hoy vivimos. No siempre la naturaleza proporciona a cada quien lo que quiere. En el fondo existe un complejo de auto aceptación y una necesidad de ser aceptada por los y las demás.

No te fijes tanto en esto y sácale mucho provecho a lo que tienes, como saber enseñarlos y exhibirlos con gracia y seguridad. Cuando aceptes con entusiasmo lo poco o mucho que tienes de pechos, entonces les darás el justo respeto que se merecen, y no lo que otros quieran darle.

Dato. 52 % de los hombres dice no importarle el tamaño de los senos de las mujeres (Encuesta Sexual 2004 de la revista *H para Hombres*).

La razón erótica también habría que buscarla en el momento en que el hombre empezó a caminar erguido, hace unos cinco millones de años. Desmond Morris, en su obra *El mono desnudo*, fue el primero en proponer que los pechos hinchados representaban una traslación ancestral de las señales sexuales desde la parte trasera a la parte delantera del cuerpo. Según este etólogo, los pechos imitan "un par de nalgas carnosas y hemisféricas" para "desplazar con éxito el interés del varón desde atrás al frente". Para algunos antropólogos, los senos abundantes indicaban a los posibles pretendientes que la hembra gozaba de buena salud y estaba mejor dotada para soportar la carga del embarazo y la lactancia. Entre pechos andamos.

11. Un trío, su mayor fantasía

¿Es sucio el sexo? Sólo cuando se hace bien.

Woody Allen

Las fantasías sexuales son las que de manera placentera compensan todo lo que un hombre "sufre" en este valle de lágrimas. Representan una válvula de escape y permiten que el hombre se sienta liberado (y súper excitado). Así, al dejar volar su imaginación ve cómo dos lindas y generosas mujeres desnudas (incluyendo su pareja o no) se besan y restriegan sus cuerpos, invitándolo a formar lo que los franceses llaman *ménage-à-trois*. Expresión usada en su literatura como metáfora de los goces experimentados simultáneamente por tres personas. Un trío para que aquéllas le hagan el sexo más retorcido. Ésta es una de las fantasías lúbricas más anheladas por cientos de caballeros. Justo ahí se ven insaciables, machos poderosos, capaces de satisfacer a dos (aunque en la vida real apenas y puedan con una).

El dominio del macho. En este erótico paisaje, los hombres se sienten **poderosos** y ansían tocar, besar y acariciar más de un cuerpo femenino. Un sueño como éste les representa un afrodisiaco mental, mucho más estimulante que los huevos de tortuga. Todo, absolutamente todo lo que son como hombres (incluyendo el espíritu), les hace disfrutar el placer que esta fantasía les brinda antes, durante y después del acto amoroso. Casi ninguno está exento de verse como un ser insaciable que da batería a un par de damas.

Señales que anuncian una propuesta indecente:

- Dice, como por casualidad, que los asientos de su carro se reclinan.
- Te pregunta si llevas ropa interior.
- Descubres que en su refrigerador hay crema batida, caramelos de casi un metro de largo con forma de látigo y frascos de "Aceite Sensual".
- Te compra un disfraz… y no es noche de brujas.

Sugerencia. ¿Deseas que dentro de muchos años él te siga deseando como al principio? Según los investigadores ingleses Mills y Bonn, el secreto para mantener una ardiente vida sexual y que tu media naranja no ande de picaflor, consiste en conservar cierto misterio en la relación, aunque vivan juntos. Por ello recomiendan que, entre otras cosas, no camines desnuda por la casa a la luz del día, que mantengas la puerta del baño cerrada y que tomen un baño juntos únicamente si llenan la bañera con burbujas. Sus estudios demuestran que la falta de privacidad en una relación es uno de los factores principales de una vida sexual poco activa. Por otra parte, también recomiendan que se besen durante 20 segundos tres veces al día. Suficiente para que una relación se mantenga saludable y apasionada.

El *ménage-à-trois* se utiliza para describir a los amantes que, al hacer el amor, adoptan posiciones semejantes a las variedades de las figuras geométricas.

12. ¿Por qué aman el mañanero?

¡Ring! Es hora de levantarse, pero a tu galán lo que se le levanta es otra “cosa”. No hay caballero sano que no despierte con una erección... y con ganas de hacer el amor ante el calor del sol. Según algunas investigaciones, los niveles de testosterona de los hombres alcanzan su grado más alto por la mañana. Y como esta hormona es la responsable de la potencia eréctil, la buena producción de espermatozoides, el deseo y los rasgos viriles, ésa es la hora en la que siempre estará en su punto. Hecho científico, mas para muchos varones es algo más:

Para empezar bien el día

Me gusta hacerlo porque así inicio
mi jornada relajado y con mucho ánimo.

RAFAEL

Estás descansado

En la noche estoy tan agotado que ni ganas me dan, pero por la mañana despierto con antojo de un mañanero.

ALONSO

Para darle variedad

Hacerlo temprano le da un toque sorpresivo a la relación.

ANTONIO

Me despierta

Casi a diario despierto con una erección e inevitablemente busco acurrucarme con mi pareja.

ANÓNIMO

Por excitante

Cuando despierto y veo el cuerpo de mi chava al descubierto se me antoja hacérselo y no hay poder humano que me detenga.

LUIS

PONTE SEXY

Prográmate una sesión de sexo mañanero, pues es cuando tu cuerpo está del mejor humor. Si combinas tus niveles de estrógeno y progesterona con la testosterona de tu galán lograrás una explosión. Así, tener sexo en la mañana dará energía a sus cuerpos para todo el día. Además, los orgasmos provocan una oleada de endorfinas que los hará sentir súper bien.

> **Sexo soñoliento**
>
> El sexo por las mañanas puede ser supersensual porque como estás semiconsciente, bajas la guardia y actúas por instinto.

13. ¿Por qué no pueden negarse al sexo exprés?

O sea, a los rapidines con cualquier mujer que se le insinúe o él conquiste. Y por ello, la mayoría de las mujeres los acusan de "facilotes". Argumentan que resulta más que sencillo convencerlos y que otras veces ni siquiera necesitan ser convencidos. Y tienen mucho de razón.

Como hombres, ésta es la triste realidad. Hay un comportamiento social aceptado y reproducido por todo el mundo: ellas esperan que ellos hagan el primer movimiento. El hombre debe correr el riesgo de colocarse frente a frente, tomar aire, prepararse, esperar tener suerte para conseguir un teléfono y hasta una sonrisa. De ustedes, las mujeres, depende dar el "sí" o "no".

¿Por qué difícilmente un varón se niega? La respuesta es sencilla. Porque no sucede siempre. Tú, como mujer, imagínate que el galán de película por el que te derrites, de pronto se te insinúa y te embellece el ego, y que lo único que desea es estar una noche contigo... Muy pocas mujeres dirían que no a semejante propuesta. Pues eso **justamente** sucede con cualquier chica que demuestra sentirse atraída por X hombre. No es algo que pase siempre. Es la suprema fantasía masculina el que una mujer muestre su deseo por ellos. Por lo mismo, no la pueden rechazar tan fácil.

Antídoto. Que el sexo exprés sea sólo contigo. Para que tu "facilote" no caiga en la tentación, es **imprescindible** que tú, como pareja, recargues la pila. Para muchas chicas esto no les afecta y argumentan que son compartidas o que mantienen con su chico una relación de "amigos con derechos". ¡Qué absurdo!

Si tú no estás de acuerdo, entonces todos los días trata de que tu relación sentimental vaya viento en popa, que todos los días sea diferente y no caigas en la monotonía. Ambas partes deben trabajarlo.

> Las hormonas, compañeras *traicioneras* de los hombres, son fuertes e insistentes, y la carne es muy débil.

14. ¿Por qué le gusta ver pornografía?

Al sumergirse al oscuro y prohibido mundo de la pornografía, impresa o electrónica, la mente masculina es una complicada mezcla de deseos, insatisfacciones, curiosidad, morbo, miedos, pasiones reprimidas y paranoias. Es como el típico clóset de un hombre: un depósito caótico de lo elegante y lo zarrapastroso; lo limpio y lo sucio. Diversos elementos circulan en cada una de sus neuronas, y cada quien lo goza a su manera. Mas todos cierran los ojos y se imaginan ser los protagonistas de esas historias húmedas, en donde pueden abrazar, besar y hacer el amor de manera desenfrenada. Al hacerlo, realzan su propia imagen dotándose de los atributos deseados. Y en tal ilusión no se preocupan por el tamaño de su miembro o de si serán buenos amantes, porque ya lo resolvieron en la revista, en la butaca o en las ratoneras más calientes del ciberespacio.

¡Booom! Según sexólogos el que un hombre vea pornografía representa una válvula de escape a la rutina cotidiana que vive hoy día: estrés, tensiones, ansiedades, preocupaciones... mucha presión por el hecho de ser varón y todo lo que la sociedad le exige. De alguna forma observa sexo explícito y se siente relajado, liberado, un tanto aliviado. Y no sólo eso, sino que disminuye el sentimiento de culpa hacia la realización del acto sexual y hasta llega a convertirse en una solución para caballeros con problemas sexuales. Así que no es para tanto, la pornografía ha existido desde que el mundo es mundo y seguirá existiendo por los siglos de los siglos.

Escucha. Hay hombres para los que la pornografía es el único medio para excitarse y tener sexo. Pero no es malo que encuentres entre las cosas de tu novio alguna revista o película. No debes estar celosa, esto no quiere decir que no lo estés satisfaciendo, sólo es otro modo de conocerse, de aprender y expresar su sexualidad. Tal vez ambos salgan ganando: él querrá poner en práctica lo que vio en cierta publicación y se sentirá buen amante... y tú verás la diferencia, sabrás aceptarlo o no, y si lo haces, quizás lo goces como nunca.

¡Sucios!

Por todos los antecedentes que viene cargando un hombre, el 99.9 por ciento de las mujeres lo clasifica como un macho desesperado que sólo desea satisfacer sus apetitos sexuales. De libidinoso, puerco, cochambroso, morboso y caliente no lo bajan. Peor si algunos son fanáticos de leer o ver pornografía, pues creen que están enfermos, que ocultan serios problemas de sadismo, destrucción o perversiones sexuales. No lo critiques de manera tan severa. Por fortuna no son todos los que están, ni están todos los que son.

El sexo nuestro de cada día... ¿Ahora lo entiendes un poquito?

Capítulo 2

Amores perros: su cariño

Amores perros: su cariño

Es la forma en que el hombre da amor, en donde deja entrever sentimientos, pasiones, anhelos, sueños e ilusiones. Por ejemplo, puedes conocerlo mejor por el modo en que te besa o acaricia.

Aunque es raro que lo acepten, los hombres también se enamoran.

¿Qué lo enamora de ti? Pasa de novia a supernovia

¿Te parece que el hombre es complejo? ¿Te has preguntado qué es lo que espera de ti? ¿Quieres ser el sueño o la fantasía de tu príncipe-galán? Para que lo puedas ser sólo basta que tú...

- **Seas inteligente**. Para ellos es agradable poder conversar con una mujer sobre diversos e interesantes temas. Esto resulta muy atractivo.
- **Seas apasionada**. No sólo en la cama. Sino que muestres pasión por la vida, el trabajo, el deporte. Que vivas intensamente. La pasión le pone sal a la vida.
- **Seas detallista**. Él desea que lo apapaches, lo consientas, lo cuides cuando está enfermo o que lo llames de vez en cuando sólo para decirle: *te quieeeero*.
- **Seas sincera y honesta**. Nada de mentiras, ni aun siendo piadosas.
- **Seas divertida**. Que tomes la vida así y ¡fuera caras largas!
- **Seas segura**. Que te aceptes y valores como eres, y que no te importe el qué dirán. Así de sencillo.
- **Te entregues sin reservas**. Cuando una chica se lanza con todo en una relación significa que confía en su galán. Eso lo motiva a que haga lo mismo.
- **Lo escuches**. Así hable de futbol o de coches. De esta forma demuestras interés y eso atrae y cautiva al varón.
- **Seas directa**. Si quieres algo, si te molesta algo, si tienes muchas ganas de algo o estás que te lleva la... **¡Díselo!** No hay peor cosa para ellos que tener que estar adivinando. Si te pregunta qué te pasa y tú respondes *nada,* en verdad pensará eso y no te rogará para que contestes.

Lo que ama en ti... **Y lo que verdaderamente lo pone como loco es:**

Tu necesidad de acurrucarte. En nuestra cultura, este gesto está prohibido para muchos, pues señala debilidad, sumisión, aunque también amor. Los hombres siempre están tratando de reconciliar su necesidad interna de cariño con su imagen; por eso no suelen ser muy efusivos cuando de afecto se trata. Pero esa misma lucha interior que evita que los abraces colgada al cuello, los hace disfrutar ese don especial femenino de acurrucarte en su regazo. Los hace sentir fuertes, protectores, muy hombres y amados por ti.

Sentarte en sus piernas. Para muchos resulta una expresión dulce entre dos personas que se aman. Además, se sienten protectores. Eso sí, que el gesto sea inocente, no debe convertirse en un "pornobalanceo", pues corres el riesgo de ser lanzada.

Abrazarlo. No hay visión más dulce que una chica que se cuelga de los brazos o de la cintura de un hombre. El gesto crece si solamente metes tu brazo debajo del suyo cuando caminas por la calle. Eso lo pone en una posición de galán protector. Ahora, si en un descuido bajas la mano e introduces tus dedos en su bolsillo trasero es válido. Le comunica lo mucho que lo deseas, que te sientes cómoda y en confianza con él.

Elogiarlo. Tal vez a él no le importa si te regala flores o no se acuerde de lo que tenías puesto el día en que se conocieron, pero no olvida tu admiración por su habilidad para manejar, cocinar o sobrevivir. Si repites alguna de sus teorías sobre la vida, propiciarás un momento muy conmovedor. Eso demuestra que pones atención a lo que dice, y créeme que ese acto lo pone en bandeja de plata. Ahora, si en lugar de esta indirecta adulación, le haces un breve comentario como "¡Mmm, qué bien hueles!" o "linda camisa", pone su ego más allá de las nubes. Cuando se trata de halagos, vale más la calidad que la cantidad.

Y sobre todo, que lo respetes. Muchas mujeres se preguntan cómo conquistar a un hombre. Aunque parezca cosa de magia, y amén de lo anterior, la respuesta se resume en una sencilla palabra: respeto. Quizá no han reparado en ello, pero hay muchas mujeres que no respetan a los hombres. Decir, entre otras cosas, que *todos los hombres son iguales* es una falta de respeto. Las mujeres que respetan a los caballeros se vuelven súper **atractivas, deseadas y amadas** por ellos.

Algo que en verdad lo derrite es:

- Un beso en la punta de la nariz. Te hace ser única.
- Que le abarques la cara con tus manos cuando le des un beso de despedida al tiempo que le dices *te voy a echar de menos.* Le hace sentir imprescindible.
- Que apoyes tu cabeza en su hombro. Creerá que en verdad lo necesitas.
- Que le susurres algo al oído. Acerca y refuerza el nivel de intimidad de una pareja.

Por último, si encuentras a tu galán en algún lugar, refleja tu alegría y entusiasmo al verlo. Si te lanzas a sus brazos, resultará enternecedor. Él pensará que es muy hermoso que todavía te emociones tanto, a pesar del tiempo que llevan juntos.

Súplica masculina. *Si mi novia sospecha que estoy resfriado, me pone el dorso de la mano en la frente para ver si tengo fiebre, y después me dice: "¿Te sientes bien mi amor?", yo me derrito allí mismo como un cubito de hielo al sol.*

Presa fácil. Según un estudio realizado por el sitio matchmaker.com, los hombres son dos veces más propensos que las mujeres a considerar una prioridad el hallar el amor.

Qué no ama de ti. He aquí sólo lo más importante: aunque esté eternamente loco por ti, existen actitudes que no tolera, como es el caso de ventilar sus asuntos privados. Aunque los comparta contigo, son secretos que él desea que reserves y sólo queden entre los dos.

Preocupaciones y pendientes. Si a cada amigo que encuentras le cuentas que él está ansioso por algún proyecto, tarea o problema, sólo conseguirás que se sienta mal porque, según su psicología, arruina su reputación de mantenerse fuerte ante la presión.

Consejos que te pide antes de tomar una decisión. Que le seas infiel puede pasar, pero que ventiles que gracias a tus consejos él tomó una buena decisión es darle un tiro de gracia. Él piensa que si los demás se enteran de que necesita consultarte antes de dar un paso decisivo, lo considerarán dependiente y débil como hombre.

Las cursilerías eróticas que te dice (y le dices) en la cama

Es algo que verdaderamente los pone como demonios de Tasmania. Digo, si es tu león, tu semental o tu Casanova, sólo debe serlo en la cama. Un asunto doméstico, pues saben de antemano que quienes escuchan no son indiferentes y la burla estará tras bambalinas. Ahora, no importa cuan simpáticas y originales te resulten las cosas que tu galán te diga, pero él no querrá que se las digas ni a tu mejor amiga. Se sentiría ridículo y su imagen de machote se empañaría como parabrisas en una tarde lluviosa.

Súplica masculina. *Si algo que dije se puede interpretar de dos formas y una de ellas te entristece o te enoja, mi intención era decir la otra.*

10 señales de que vas por buen camino y él se está enamorando de ti

1. Demuestra su interés y sus ganas de estar contigo. Siempre está disponible para salir, te toma de la mano o le gusta abrazarte.

2. Te sorprende y complace. Aunque odie a Juanga te consigue su último CD.
3. Nunca deja pasar "aaños" para llamarte, ni se olvida de que existes.
4. Es considerado. Si tuviste un día de perros te consiente, te hace de cenar.
5. Te escucha con "mucha atención".
6. Se interesa en conocer a tus amigos y familia.
7. Es observador, se da cuenta cuando te cortas el cabello o te pones un vestido nuevo.
8. Cree lo que dices y te trata con respeto. No te critica ni te subestima.
9. Cumple sin falta lo que promete.
10. Te mira a los ojos y te dice por qué se está enamorando de ti.

Las primeras citas

Para casi toda la especie masculina, la primera cita es **muy importante**, en ella se juega la dedicación y perseverancia que el hombre ha tenido con la chica que tanto le ha quitado el sueño. En esta primera vez se esfuerza por dar una buena imagen, ya sabes, una perfecta afeitada una vestimenta aceptable y, sobre todo, una charla interesante. Esto lo ve como una entrevista de trabajo, en donde tiene que impresionar para que le den el puesto. Muchos lo planean con anticipación, y piensan hasta en el más mínimo detalle: lugar, ambiente, gastos, palabras... Otros tratan de ser espontáneos, ¡donde los lleve el viento!

¿Qué hace que un hombre se anime a llamar después de la primera cita?

1. Que la chica en cuestión esté guapa física y emocionalmente.
2. Que haya empatía desde el principio: sonrisas, apertura, conversación, diversión y mucha **actitud**.
3. Que se haya reído de su "graciosa" historia.
4. Que ella toque su mano.
5. Que antes de irse, ella se plante frente a él, con mucha seguridad.
6. Que lo bese en la mejilla para despedirse.

El sí y el no de la primera cita	
Sí	**No**
Sé puntual, ellos lo valoran mucho. Sé sincera al dar tus puntos de vista. Escucha. Virtud que aman. Sonríe. Esto los mata.	Trates de impresionar. Ellos perciben la mentira y les desagrada. Te muestres maleducada ni como una sabelotodo. Esto los aleja.

¿Acostón en la primera cita?

El sexo en esa primera cita los puede llegar a confundir: por una parte les sube el ego, pero por otro lado les prende un foquito rojo porque habrá quienes piensen que así como la chica en cuestión lo hizo con ellos, lo hace con cualquiera. Por eso, lo mejor es tomar un tiempo (tampoco demasiado), dejar que te conozca, o en otras palabras "date a desear". Sedúcelo, eso lo mata.

TIP

No bosteces ni mires el reloj con insistencia.

No te rías a carcajadas, sobre todo si no hay razón suficiente.

No empalagues, pues tanto dulce le puede provocar caries.

¿Te asustan las citas a ciegas?

45 por ciento de los solteros nunca han salido en una cita a ciegas. De los encuestados, 21 por ciento preferiría ir al dentista para un tratamiento de raíz que tener una de estas citas. Las excusas más frecuentes son:

- Que sea una mentira.
- Que la susodicha sea la mujer más fea.
- Que sea un fraude y hasta intento de secuestro.
- Que "ella" en verdad sea "él".

Fuente: encuesta realizada por el sitio Matchmaker.com

¡Cómo sufre cuando lo batean!

En el amor, hombres y mujeres sienten de modo distinto. Ante una ruptura, la mayoría de las mujeres lo primero que hacen es llorar, llorar y llorar. Luego, van en busca de su mejor amiga y la toman como paño de lágrimas durante largas horas. Y generalmente la amiga sabe escuchar, aconsejar y consolar. No hay duda, las mujeres, en este sentido, expresan mejor sus emociones; su estado de ánimo refleja sus sentimientos. Sin embargo, ante el luto y la congoja, logran reponerse más rápido que los hombres. Así, durante la recuperación-despecho buscan verse más hermosas, ser más independientes, más atractivas, etcétera. Ironías de la vida, ¿no?

¿Y el corazón masculino?... ¡Se quiebra!

Cuando Alejandro Sanz compuso la canción *corazón partío* nunca pensó que estaba haciendo una importante contribución a la medicina. Los médicos han comprobado que el dolor que produce un rompimiento amoroso en el hombre —de esos que parten el corazón— puede conducir a la muerte. Toda vez que la intensa emoción produce una descarga extraordinaria de hormonas en la sangre.

¿Sexo fuerte? Pues ni tanto, a pesar de poseer músculos de acero, no son ellas quienes sufren hasta las lágrimas, aunque derramen litros y litros, sino diez de diez machotes. El ego queda hecho trizas (*¡cóomo, a mí, que soy muy hombre, me hace esto!*). Un hombre por naturaleza piensa que en una relación de pareja es él quien debe *batear*. Cuando le hacen *jonrón*, su virilidad queda mancillada. Es como si le hubieran cortado un testículo canceroso. Mas trata de que no se le note y en consecuencia se traga el dolor... un dolor de muelas en el estómago. No obstante, basta que te pierdas en el horizonte para que dé rienda suelta a su forma de **sufrir**.

Perrea. Sabe que la mejor forma de mitigar esta pena es conseguir a la voz de ¡ya! a otra novia, una sustituta que le remiende el corazón, pues en el fondo hay un sentimiento de minusvalía que estaba latente, pero que únicamente tu amor lo mantenía a raya. Siente la necesidad de reafirmar su masculinidad y *perrea*, persigue y acosa a cuanta falda se le cruce por sus llorosos ojos. Cuando lo consigue, lo primero que intenta es acostarse con ella.

Su hombría queda salvada y de paso "demuestra" que no le dolió, que sigue siendo muy hombre, como diciéndote: *¿ves?, no pasó nada, fuiste una más en mi vida.* Se sumerge en la dinámica de un clavo saca a otro clavo, sin haber comprendido lo que no funcionó en su relación anterior.

Es irónico, pero un hombre mientras más dolido está, más sale con chicas de repuesto. En el fondo lo que hace es poner un curita de a peso encima de una enorme herida, que no ha sanado ni sanará.

Bebe. Se "bebe" el suplicio de una sentada. Hace del tequila y las *strippers* un *modus operandi* desde el día siguiente en que lo *cortas*. El *chupe* es el mejor antídoto a su dolor de macho, es el que lo hará olvidar. No encara, se acobarda y prefiere refugiarse en la sedante fórmula del alcohol.

La paradoja. El consumo de bebidas alcohólicas le reaviva el recuerdo. Y es cuando (creo que muchos lo hemos visto) el hombre habla y habla de quien lo mandó por cigarros; se desinhibe y llora de desconsuelo. Se deprime y extraña aún más la relación. Y en tal condición es seguro que te llame a altas horas de la noche para pedirte que reflexiones la decisión que ya tomaste.

Se clava. Realiza muchas actividades para soportar cada segundo de su vida. La idea es dejar de pensar en el abandono. Que sus neuronas no razonen por qué fregados le diste pase, que no analicen absolutamente nada, que no asimilen el hecho de que ya no pasearás más de su brazo. Así, trabajo, ejercicio, comida, amigos, escuela, desvelos y fiestas son las actividades que lo dejarán inmune. Como decía mi padre, son las aspirinas que todos los días se tomará para su *cáncer terminal*. Y no analiza, pues le da temor encontrar ciertas verdades que lo ponen como lazo de cochino. Simplemente se va por el camino fácil y sólo espera que el paso del tiempo, abultado con sus innumerables tareas, sea el encargado de mitigar tu desdén.

No busca, oculta. Se pierde la importante fase de procesar lo ocurrido y de analizarse por dentro para ir a la raíz del problema.

Y se vuelve a clavar. Algo crucial para olvidar es deshacerse de las cosas de la "traidora". Muchas chicas queman fotos, rompen cartas, desaparecen discos compactos. Mas una de las cosas que hace un "bateado" es que se rodea de fotos (la famosa en la cartera), cartas, mensajes, flores secas, e incluso se queda con la camiseta de la novia y la olfatea todas las noches.

Es muy común que a dos meses del rompimiento aquél siga fantaseando contigo. Mira tu foto, suspira e imagina que en cualquier momento llegará la tan ansiada llamada de: *Hola, soy María, no me vayas a colgar. Te llamo para decirte que fui una tonta, perdóname por favor...*

En lugar de darle vuelta a la hoja. Difícil, si no es que imposible, se le hace asimilar que ya le diste pase de salida. Con semejante actitud, aún se siente atrapado en las redes de tu amor.

Todo sin control

Al enamorarse, el corazón de un hombre se infla como un globo y se pone alegre como abeja en la miel. Si pudieras notarlo, verías un enorme oso de peluche con sonrisa angelical, pero si termina, queda como un globo desinflado durante varios días. El hombre, pues, se descarrila, pierde la cabeza, y todo a su alrededor se colapsa: la familia, los amigos y hasta *Solovino*. Lo único que desea es apagar el recuerdo, sobre todo con el alcohol. Resulta patética la imagen de un borracho abrazando a otro y contándole sus penas amorosas.

> Yo no me imagino yendo todo lloroso a casa de un amigo para contarle mi desventura, porque es algo que va en contra de mis genes, así me lo inculcaron mi padre y mi abuelo. Menos acepto hablar de mis sentimientos, porque me siento débil y estúpido.
>
> Y si de darle consuelo a otro se trata, ni por asomo lo haría, pues yo, como muchos, no tengo la menor idea de qué decirle para aconsejarlo. Si acaso un "Todo va a salir bien".
>
> Waldo

Por eso, cuando termines una relación, piensa que el otro está sufriendo... Por lo mismo, no hagas comentarios que lastimen a la persona que fue tu pareja. Que el otro actúe así, es su problema. Cuando hay ruptura, no existen culpables, simplemente no funcionó y ya. Si hablas mal de la persona que un tiempo quisiste, automáticamente estarás hablando mal de ti porque fuiste capaz de estar con alguien así. Y ojo, si por azares de la vida lo ves con la capa caída, no te burles de él, porque su pena crecerá y se irá hasta las nubes.

> Siempre he creído que nunca debes tratar de reparar un corazón roto. Las cicatrices amorosas pueden ser buenas.
>
> JOSEPH FIENNES

¿Quiénes rompen más corazones?

Aunque 51 por ciento de las mujeres aseguraron que ellas fueron las que dijeron *adiós* en su última relación, sólo 32 por ciento de los hombres admitieron que los habían dejado plantados. Y aunque 38 por ciento de ellos afirmaron que su última ruptura fue por *mutuo acuerdo*, sólo 28 por ciento de las chicas dijeron lo mismo.

Fuente: Encuesta Demográfica Norteamericana.

¡ÉL LO SIENTE MÁS!

Aparentemente a los hombres les cuesta más recuperarse. Según una encuesta de *Public Opinion Strategies*, 50 por ciento de los hombres solteros aún penan por una ex, comparado con sólo 27 por ciento de las chicas solteras.

Qué piensa de tus amigos

Para el género masculino, la existencia de una inocente amistad entre hombres y mujeres es un hecho imposible.

En serio, él puede aceptar que tú tengas todas las amigas que quieras. Se siente tranquilo cuando sabe que saliste de compras con otras mujeres, hiciste una pijamada con ellas, o fueron "todas" a tomar café. Pero salir con "amigos" (grrrrr) es otra cosa. Es más que difícil que él acepte que tú tengas amigos hombres. Si son gorditos o hasta "feos" puede que no haya mayor problema pero, de cualquier modo, amigo o no, para él siempre es otro hombre y eso implica una competencia directa. ¿Por qué?

- **A que te gano.** Los hombres son competitivos por naturaleza. Siempre quieren marcar y dejar claro su territorio. Por eso, cuando otro varón entra en su terreno, se ponen alertas y listos para dar batalla si es necesario.

- **Punto menos.** Aunque tú jures y perjures que no sientes ninguna atracción física por tu inseparable amigo, él sentirá celos. Si tu *cuaderno* te da más atención, protección, comprensión o cualquier otra cosa que tu galán, éste se siente en desventaja y con puntos menos para su ego. Eso lo pone **celoso** y con ganas de desaparecer al contrincante. Nada le asegura que no haya una atracción entre ustedes.

Por otro lado, también existe el lado oscuro: una mujer sin amigos y que tiene toda su atención en su novio, lo puede incomodar bastante porque no hay un punto de comparación ni "un poquito de competencia" que lo impulse a ser mejor en la relación. ¡Quién los entiende!

Él antes que nada. Para que no tengas problemas, lo mejor es el equilibrio: conserva tus amigos, pero deja siempre claro el lugar que tiene cada uno. Por mucho que tú quieras a un amigo, debes dejar claro que tu pareja es el primero en atención. Cuando tengas claro el lugar de cada quién y le des prioridad a tu amorcito, él seguramente no tendrá que competir y podrá aceptar a tus amigos y hasta hacerlos suyos.

Amor a su manera

¡Me quiere!... ¡No me quiere!... ¡Me quiere!... ¡No me quiere! Cuántas chicas no se la pasan deshojando margaritas para saber si por suerte sus galanes las aman, porque ellos no se los dicen, y no porque no las quieran, sino que no saben cómo decirlo sin que suene cursi o hueco. Por eso, ellos sólo insinúan. Y es que, de diez, nueve son como los

telégrafos, optan por la vía de mandar señales de amor. Así que observa más lo que hace para que sepas si está loco por ti.

Te ama con todos sus sentidos

Te besa. Cuando de besos se trata, el punto no es que falten ni que sobren, sino que el hombre que ama los dé en su justa medida. Él lo sabe, y por ello te besa cuando llega, cuando se despide, cuando siente que lo deseas, cuando es la ocasión. Y no por cortesía, sino porque te ama, y el beso es su mejor carta.

Te abraza. El simple acto de tomarte de la mano o enlazar la suya a través de tu cintura es otra de sus cartas. Es el medio en que se sienten uno solo. Te abraza, pero te da espacio. Es uno de sus modos de hacerte sentir amada. Y lo refuerza cuando te hace caricias que aparentan no serlo como alejar el cabello de tu cara. Eso significa que está orgulloso de ti.

Te mira. Un enamorado mantiene contacto visual con su chica cuando la escucha. Si lo atrapas mirándote con ojos de borrego desahuciado es porque sabe que de la vista nace el amor.

Te escucha. Sabe escuchar tu palpitar para comprender qué te hace respirar. Es decir, pone atención a todo lo que salga de tus labios, así sean cosas triviales.

Y hasta te aplaude. Cuando le cuentas por enésima vez tu chiste tan gastado (y te da los debidos créditos cuando lo repites delante de sus amigos). Aplaude cuando desvarías con la música de los ochenta, después de haberte tomado un trago de más en la boda de tu hermana. No te ridiculiza porque para él no son "osos" los que haces, sino el lado divertido de tu vida.

Te ama con todas sus virtudes

Te ayuda. Trata por todos sus medios de resolverte cualquier problema que tengas, como arreglar un librero que cojea o una llave que gotea. Estos gestos no siempre son vistos como señales de amor, pero lo son. Presta atención a lo que hace por ti para facilitarte la vida.

Te alaba. Dice admirarte por ser mujer; admira tu desempeño en el trabajo o estudio que realizas; admira el esfuerzo que haces por salir adelante ante una situación difícil o dolorosa. Es decir, expresa su amor, diciéndote lo que admira de ti. Nunca, por ningún motivo le revires que ya sabes lo que va a decirte, acepta sus cumplidos. Si les restas importancia, dejará de dártelos.

Si amas a tu madre... Él también. A diferencia de otros que llevan una relación distante y hasta de insultos con la suegra, él charla entusiasmado con tu madre cuando ella le contesta el teléfono. Además, nunca tiene empacho en gritar por la bocina que te adora y que desea convertirte en la madre de sus hijos.

Es detallista. Cuando regresa de echarle gasolina al auto, y llega muy orgulloso con un ramito de flores o cualquier chuchería que sabe te gusta, y te dice de manera muy cursi: *una flor para otra flor*.

Te ama por lo que eres

Por lo que representas como mujer. Y te escucha encantado de la vida cuando le explicas por qué compraste las sandalias negras en lugar de las rojas, o te espera frente a la puerta del probador para decirte entusiasmado si te queda mejor el rosa o el rojo, aunque se congracia contigo por el que escojas.

Y hasta por tus errores. No te los remarca ni mucho menos te los hace evidentes frente a los otros. No se burla ni se porta como un sabiondo, aunque tú jures y perjures que Caracas es la capital de Colombia. Digo, al mejor cocinero se le va un tomate entero. Y cuando inicias una discusión por algo que sabes es una estupidez, no la continúa, sonríe y te besa la nariz.

Si te habla con sinceridad, te ama

Te muestra quién es. Muchos chicos sólo abren su alma ante una mujer cuando consideran que tienen una verdadera conexión con ella. Si te habla de sus cosas y hasta confiesa algo muy íntimo, está emocionalmente involucrado en la relación. Así que relájate, ¡ese hombre te ama!

Y si de proyectos se trata... Te habla emocionado acerca del lugar donde quisiera vivir contigo dentro de tres años: cerca del mar, lejos de la contaminación, en un pueblito cercano, etcétera. Te contagia sus aspiraciones, sus planes y la manera en que él se visualiza feliz junto a ti.

Y se deja llevar. Ríe, llora, se emociona, oye tus consejos y se mete contigo en la cama, sólo porque tienes frío. Y cuando sus amigos le dicen enfrente de ti que lo tienes comiendo de tu mano, él les responde sonriendo: *¡envidia!*

La medida del amor es amar sin medida.

San Agustin

Así que ya no andes deshojando margaritas en un vano intento por adivinar sus intenciones. Mejor afina tu radar sentimental, presta oídos y ojos a todo lo que él haga y diga. Justamente ahí está el secreto.

Observa. "Te amo" y "Lo siento", son las dos frases que más trabajo les cuesta decir. En el caso del amor, es un gran paso para el hombre. Este sentimiento no sale tan fácil de su boca, porque aun cuando él esté sintiendo algo fuerte por ti necesita tiempo para reconocerlo y expresarlo, así que concédeselo. En vez de estar pendiente de sus palabras, concéntrate en sus acciones, que hablan más alto: ¿Te trata con cariño y respeto? ¿Te hace sentir especial? ¿Se preocupa por tus problemas? Si es así, tienes buenas razones para seguir con él; si la relación avanza de manera natural, tarde o temprano él acabará pronunciando esas palabras mágicas, quizás cuando menos lo esperes. Mientras tanto, disfruta su compañía en esas maravillosas ocasiones cuando te demuestra su cariño.

Escucha tu corazón. Ni por error pienses que si no te dice que te ama, tenga que compensarlo con gestos y actos grandilocuentes, ¡no! Algo tan simple como el que llegues tarde a una cita con él (esperando lo peor), y él sencillamente te mire y te diga sonriente: *¡No te preocupes!* Y te dé un rico beso. O tan fácil como que llene su cocina con las cosas que a ti te gusta comer. O que te llame sólo para saludarte. Los hombres casi nunca lo hacen... a no ser que te tengan grabada en la mente. Es justo en esos detalles en los que te debes fijar para saber si tus desvelos tienen sentido.

Ayúdalo

En la interesante serie de *Superman*, la preciosa Lana no pierde la ocasión para mirar con profundo amor, romántico y erótico, a Kent... y éste (aunque ella le gusta mucho) no se decide. Y esto le sucede a muchos hombres. El problema es que para las mujeres hay señales que son muy claras, mientras que para los hombres no lo son. Si te acaricias los labios mirándolo a los ojos, puede pensar que deseas un beso, pero también puede creer que tienes una alergia que te produce escozor. ¿Cómo saber la diferencia? Los varones no tienen un decodificador de gestos femeninos. Nunca están seguros de cuándo avanzar o no, y la idea de que al robarte un picorete le devolverás un rodillazo en los testículos, lo paraliza. Lo mejor es **directo, sin paradas**. Esto es, si tu instinto te grita que a él le gustas, ármate de valor, de sinceridad, míralo a los ojos y sé tú la que se le declare. Valora la idea, si piensas que puede ser inapropiada tal conducta, deséchala. La creencia de que el varón debe tomar la iniciativa ha quedado atrás.. Hoy existen muchas mujeres que están tomando la batuta en el arte del amor. ¡Hazlo!, puedes salir ganando.

Señales de que está a punto de proponerte algo romántico

- Deja de llamarte por tu nombre y te dice "mi amor".
- Cada que habla contigo balbucea, voltea hacia otra parte y se queda con las palabras a medio articular.
- Encuentras un libro de consejos para enamorados en su auto... y el título "Cómo declararte" está subrayado.
- Usas su computadora para navegar por la red y descubres que tiene señaladas todas las florerías de la ciudad.
- Va a alquilar películas y regresa con *Señales*.

El sí y el no del amor	
Sí...	**No...**
A ser mejor persona gracias a él. A la sinceridad entre ambos. A tener un proyecto de vida juntos.	Te enamores de alguien comprometido. Pierdas la dignidad. Quiérete y te querrá. Idealices a un hombre, pues puedes perder piso de lo que quieres.

Un dato

Un hombre puede ser brillante en su profesión, pero cuando oye a una mujer hablar de sus sentimientos, el cerebro se le pone en blanco. No, no es una excusa. Como caballeros no tienen esa habilidad extraordinaria que tienen las mujeres de analizar lo que sienten. Para ellos, los sentimientos son demasiado amorfos y ¿quién quiere concentrarse en algo sin forma cuando hay hechos concretos muy delineados?

Capítulo 3

Hasta que la muerte los separe: el altar

Hasta que la muerte los separe: el altar

Hombres que le huyen al matrimonio como a la peste

Para muchos es normal enfrentarse a situaciones temerarias como pelear con un cocodrilo que aparece en su camino o investigar un ruido en tu departamento a altas horas de la noche. Sin embargo, hay un tipo de peligro para el cual éstos no están preparados; una escena que consigue transformar hasta al más heroico varón en un tembloroso cobardón: el paso de un romance superficial a una relación más estable y formal.

Para los hombres puede resultar muy complicado el hecho de comprometerse y dar el siguiente paso.

Compromiso y matrimonial son dos palabras malas del léxico sexual masculino. A muchos les suena como el final del romance y del sueño, y el principio de lo cotidiano y lo aburrido. El comienzo de las obligaciones y casi nada de derechos. El inicio de los viernes por la noche en casa en lugar de pasarla con los amigos.

El problema no es comprometerse, eso es fácil; lo difícil es excluir los demás compromisos. Hay angustias mortales que acompañan a una relación permanente. El universo podrá seguir su curso, pero no tu universo. Comprometerse es poner los pies en la tierra (en vez de tener la cabeza en las nubes y seguir con las juergas de adolescente cuando ya se tienen más de treinta años) cuando se habla de amor, romance y sentar cabeza.

Tener una larga relación con un hombre que ni por error considera entre sus prioridades el casorio es como lidiar con el mercurio: los dos se escapan entre los dedos. Aunque hay una sola razón para la fobia crónica a este compromiso (el miedo), existen muchos hombres que lo disfrazan. He aquí algunos ejemplos.

El heredero. Lo trae en la sangre, eso ha sido parte de una familia disfuncional. En este hombre, la idea del matrimonio puede abrir las heridas de la infancia y provocar el temor de causarlas en otros. Quizás tuvo una niñez en donde su padre fue un tipo ausente, irresponsable y hasta golpeador. Por ello, en el fondo de su mente piensa que tal vez pueda llegar a ser así, que es un patrón de conducta aprendido, y mejor decide quedarse para vestir santos, antes de causarle a su futura esposa e hijos problemas mayores.

Suele pensar: *Yendo de una mujer a otra, no caeré en eso.*

Cázalo. Y reitérale que en el matrimonio nada está escrito y que funcione o no dependerá en mucho de la comunicación y el amor que exista en una pareja.

El hijo de mami. La mayoría de los hombres, claro, prefieren que sus padres aprueben a su pareja. La diferencia con el niño de mami es que no da un paso sin esa aprobación, como si se hubiera quedado detenido en un nivel de su desarrollo emocional. Le huye a pedir tu mano porque ni tú, ni las demás, se parecen a su madre: la que lo cuida, lo mima, lo atiende, lo arropa, lo alimenta, etcétera. No te aceptará del todo a menos que te parezcas en algo a su progenitora. El ideal de su madre lo mantiene atado a la soltería permanente. Y si por desgracia de la vida llegas a conocer a aquélla, te darás cuenta por qué piensa que no eres lo suficientemente mujer para su peque. Quizás esto lo puedas pasar por alto, pues en última instancia no te vas a casar con ella, pero no el hecho de que él piense lo mismo.

Suele pensar: *Madre sólo hay una, y ninguna como la mía.*

Cázalo. Y déjalo ir con su mami, pues un niño así difícilmente cambia.

El juez. En lugar de aceptar su fobia al compromiso, le da vueltas al asunto y te echa la culpa de su aversión. No lo comprendes, no puedes esperar, cuál es la urgencia... Y mediante estas excusas se envuelve en relaciones a largo plazo, pero su nivel de compromiso sigue siendo pobre. Sólo llega a hacer vagas referencias al futuro, pero sin una acción concreta que respalde sus palabras. Cuando presiente la necesidad de cumplir tus expectativas de pareja, comienza a actuar de manera inusual: deja de abrazarte, llamarte y amarte con la intención de que seas tú quien termine la relación...

Suele pensar: *Si la vida es un edén, para qué llegar al infierno.*

Cázalo. El mejor momento para abordarlo y hablarle de tus expectativas sobre la relación es cuando esté de buen humor. Los hombres son más asequibles cuando realizan actividades mundanas. Pero cerciórate de que la actividad le permita escuchar lo que le dices. Aprovecha los momentos en que los dos se sientan súper conectados.

Si se siente unido a ti, él estará más receptivo y dispuesto a hablar de la relación. Por ejemplo, si regresan de ver una película que a ambos les encantó.

El profesional. Al principio de la relación, toma decisiones, pero en la medida que se acerca la hora de hablar de matrimonio, este ejemplar comienza a actuar como si hubiera caído en la crisis del climaterio. ¿Debería mudarse a otra ciudad? ¿Unirse al ejército? ¿Llamar a la morena que conoció en la calle? Es posible que te ame con locura, pero la amenaza de sentar cabeza lo llena de temor. Este tipo de hombre es producto de la vida moderna. Comprometerse es seleccionar.

Hace unas décadas, el matrimonio era más o menos una necesidad. Pero con la llegada de la vida moderna este hombre prefiere dedicar todas sus energías a su crecimiento profesional, que a un matrimonio. Éste funciona contra ese crecimiento.

Suele pensar: *No estoy sicológicamente (o emocionalmente) preparado*, como si hubiera un punto de crecimiento espiritual al que hay que llegar antes de casarse.

Cázalo. La mejor estrategia para que reaccione es apartarte de la relación, pero sutilmente. Dile algo como: *Bueno, hemos estado juntos un año y...; los dos hemos superado esta etapa...*; *soy yo la que necesita ir más allá. No quiero presionarte en cuanto a tu crecimiento profesional, sólo decirte lo que siento*. En otras palabras, asegúrate de poner en claro tu posición.

El arrepentido. Este hombre piensa que, tan pronto como diga el *sí acepto*, va aparecer en su camino otra mujer, la perfecta, la que en verdad puede ser su álter ego, su otra historia, su alma gemela... y a él le van a dar ganas de suicidarse.

Suele pensar: *¡Si hubiera esperado un poquito más!*

Cázalo. Como mujer tú sabrás cómo hacerle entender que tú eres el amor de su vida, y que si te deja ir se arrepentirá para el resto de su existencia. Cuando lo asimile, no tendrá ojos para ninguna más.

El abejo rey. Él es para todas; se cree merecedor de tener aventuras en cada esquina, por lo que contraer matrimonio no es una prioridad. Su idea es posarse de flor en flor hasta que el cuerpo aguante.

Suele pensar: *¿Significa acaso que no voy a tener en mis brazos nunca más a una mujer desnuda que no sea ella? ¿Son los suyos los únicos senos que voy a tocar en lo que me queda de vida?*

Cázalo. Hacerlo sentar cabeza es una misión casi imposible, y en el proceso puedes terminar agotada y enferma, por tal motivo es mejor que lo dejes seguir volando, polinizando a cuanta chica se le presente en su camino, mas que no lo haga contigo, pues si te clavas con él, puedes salir muy dañada.

Sor claustrofóbico. El terror a estar encerrado en una relación matrimonial se lo han infundido sus amigos casados, pues los ve estresados, cansados, quejumbrosos, panzones, endeudados y cargando niños que lloran todo el tiempo. Estos elementos de la familia no le son atractivos, por el contrario le afloran como un demonio de mil cabezas al que hay que huirle cuanto antes.

Suele pensar: *Si ésa es la felicidad matrimonial, prefiero morir de tristeza.*

Cázalo. Cuando este hombre empieza a dar marcha atrás, tu impulso va a ser moverte hacia delante, ¡no lo hagas! Él huye porque está aterrado, y es precisamente tu cercanía emocional lo que más lo asusta. No lo presiones porque en ese momento es como una bomba de tiempo. Cuando esté más relajado y sin que se dé cuenta dile que el matrimonio no sólo son espinas, que hay cosas maravillosas que únicamente se obtienen dentro de un compromiso serio: un cierto nivel de confianza, de intimidad, de comunicación, de amor comprometido y responsable, y caritas sonrientes que saldrán a recibirlo cuando llegue cansado del trabajo. Virtudes que no se logran de otro modo.

Súplica masculina. *¿Para qué casarnos si así estamos bien?*

Ten en cuenta que: Para estos ejemplares, el matrimonio no es una prioridad; pero ustedes, a causa de su reloj biológico, no pueden permitirse ese lujo masculino: casarse y tener hijos a cualquier edad.

Y seguro que te has encontrado al menos a uno de estos solterones en tu vida o, lo más probable, es que tengas a uno en tu regazo. Pues, o lo dejas o lo reformas, tú decides el riesgo.

Señales que anuncian mayor compromiso y estabilidad emocional:

- Te dice con añoranza: ***Te ves tan natural cargando a un bebé.***
- Su madre y sus hermanas están aturdidas sin motivo aparente.
- Le preguntas por qué está bebiendo tanto esa noche y te responde: ***es que necesito valor.***

Realmente creo que un hombre
y una mujer juntos, formando una familia,
son la más pura expresión de la felicidad
que los seres humanos podemos experimentar.

WILL SMITH

PIENSA, ANALIZA, REFLEXIONA Y DECIDE

Antes de abordar el espinoso asunto del destino de ambos como pareja, debes determinar adónde quieres que llegue la relación. Un error que cometen las mujeres es no tener claras sus expectativas. Quieren que su galán responda: ¿Adónde llegará esto?, sin antes haberla respondido ellas mismas. No es justo para él. Piensa en la conexión que quieres tener con él. ¿Un novio para salir? ¿Vivir juntos? ¿Compromiso para casarse? Luego, considera si tus expectativas románticas son compatibles con otras metas de tu vida. Tal vez estés absorta en tu carrera, o planees viajar antes de establecerte en un trabajo, lo que haría difícil sostener una relación sentimental. A veces, una chica se empeña tanto en lograr que un hombre se comprometa, que no comprende que es ella la que no está lista.

Él piensa, analiza, reflexiona y decide

En efecto, así como tú te tendrás que hacer esas preguntas, ellos también se harán las siguientes sólo para saber en qué nivel andan:

1. ¿Esta relación te llena de energía? ¿Sientes que te da la fuerza necesaria para enfrentar obstáculos y otras situaciones de tu vida?
2. ¿Tienes una clara idea del futuro entre tú y esa persona, aunque nunca te hayas atrevido a expresarlo?
3. ¿Ese amor te hace sentir muy valioso?
4. ¿Además de dedicarle tiempo a ella, sigues cultivando tus relaciones familiares y de amistad?
5. ¿Estás tan contento que no te interesa involucrarte sentimentalmente ni sexualmente con nadie más?

Si el hombre en cuestión contesta **sí** a todas, está más que convencido. Si dice que **no** a dos o tres, quizá todavía tiene que recorrer parte del camino para comprometerse de lleno. Si todas son respuestas negativas, no se puede esperar mucho de él.[1]

1 Tomado del libro *Good Loving : Keys to a Lifetime of Pasion, Pleasure, and Sex*, de Donna Raskin y Larry Keller, Editorial Rodale, 1998.

¿Cómo ves? Ellos también son capaces de enamorarse hasta los huesos, ser fieles y hasta comprometerse cuando encuentran a la mujer ideal. Así que, a partir de hoy pon más atención en lo que hace y ha dejado de hacer para descubrir si muere por ti.

En sus palabras...

El matrimonio no es ni siquiera una opción, a menos que hayamos recorrido el mundo, hallado lo que de verdad queremos hacer con nuestra vida y descubierto nuestra propia identidad. Y como somos más lentos aprendiendo y madurando, también somos más lentos a la hora de subir al altar.

José

Es evidente casarnos tarde y con más edad que ellas. Tenemos la fama de ser más reacios al altar. Comparamos el matrimonio con una cárcel.

Eduardo

Al volvernos a casar, buscamos una versión rejuvenecida de nuestra ex. El mismo pelo, el mismo cuerpo, el mismo tipo, sólo que con 20 años menos.

Emir

Háblale de compromiso

En efecto, cuando sientas que es necesario hablarle del espinoso asunto del destino de ambos como pareja, primero:

1. Busca el sitio adecuado. No después de hacer el amor. No en donde se sienta atrapado, como un

auto o una cena romántica (pensará que es un complot). Y si sus amigos o familiares están cerca, cierra la boca. Si le hablas, pensará que lo estás forzando a responderte, y tu intento puede resultar contraproducente. El mejor momento para abordarlo es cuando esté de buen humor. Así de simple.

2. Puedes hundir el bote con tus palabras. Desecha los clichés para abrir la conversación. Cuando un hombre oye: "Tenemos que hablar", piensa que lo vas a criticar y mejor le da la vuelta a la conversación. Empieza con una frase positiva, algo que lo tranquilice. Puedes decirle: "He estado pensando en nuestra relación. Siempre la paso bien cuando estamos juntos, por eso me gustaría salir exclusivamente contigo". ¿Qué te parece? Este ejemplo muestra que valoras su opinión y no tratas de acorralarlo para que te diga lo que quieres oír.
3. Un planteamiento directo también se dirige a su mente, orientada a alcanzar metas. Te entenderá mejor si le dices frases que inicien con palabras como: "Siento que..." o "Necesito...".

¿QUÉ TEME DE UNA MUJER EN EL MATRIMONIO?

Que coarte su libertad. ¡Uy! Más allá de los pellizcos, lo que sí le *apanica* (y con cierta razón) es que **le corte sus alas**. Este es el primer, y quizá el mayor de todos los temores masculinos: que lo limite, coaccione y empequeñezca como a un niño de primer grado que tiene que pedir permiso a la *teacher* para ir al baño, escoger sus amigos, su ropa, su comida y absolutamente todo lo que sea su bendito tiempo. Esto lo hace pensar dos veces antes de comprometerse a algo serio.

Si el control de la mujer se extiende a todo lo que le atañe, no pasará mucho tiempo antes de que él comience a soñar en convertirse en una de esas hienas salvajes que aparecen en los documentales del canal de la naturaleza: tal vez tenga que comer ratas, pero al menos será libre.

Que se convierta en su madre. *Tápate bien, come bien, pórtate bien, háblame por favor por teléfono, no me tengas angustiada, ay, te cortaste un dedo, chiquito.* Son los clásicos mandatos y preocupaciones de una novia-madre, y eso inspira miedo. Le teme, sobre todo, cuando aflora en momentos inoportunos: cerca de los cuates. Lo peor es cuando le cose la ropa, le organiza sus cosas, le tiende su cama y elimina un poco del desorden de su cuarto.

¡Ya no más "madre" controladora! Éste puede ser un gesto dulce, cuando es de vez en cuando, pero si lo haces de manera constante como la gota de agua que cae de la llave es el vivo recuerdo de la madre... y te aseguro que esa imagen no es nada atractiva, pues imagínate ¿qué pasaría en la cama si lo amas como a un hijo?

Que le robe espacio demasiado pronto. Claro que sería conveniente dejar el sostén y las tangas en su cajón, pero si la mujer lo hace antes de que él esté listo para ello, sus visitas estarán contadas. Puede percibir que intenta invadir cada rincón de su existencia. Y eso, espanta. Aprendan a darse espacios.

Que le diga cómo vestirse. Él y su novia van por la calle, y ella ve pasar a un ejemplar de hombre con una camisa de seda azul marino y le dice de manera abrupta al suyo: *deberías usar ese color, te vendría bien.* Él, en vez de sentirse halagado, se siente devaluado. Y es que no hay que ser. Esto no sólo es redefinir cómo se viste, sino cambiarlo a él y lo que es. Desde la adolescencia, a los hombres se les advierte que si una mujer quiere modificar su aspecto o manera de vestir, le quitará independencia y lo querrá amoldar a su gusto.

Respeta sus gustos, si quieres que respete los tuyos

Cuida de no convertirte en una psicópata-suicida, de ésas a las que nunca les parece suficiente el tiempo que les dedica aquél, que registra sus cosas, que revisa clandestinamente todos sus e-mails, que sabotea el tiempo con sus amigos, que averigua todo sobre su ex y le habla por un teléfono público para fastidiarla... Si se entera, tratará de dejarla y entonces surgirá el chantaje del llanto y la patología de: *¡si me dejas no sé qué voy a hacer, creo que me moriré!,* definitivamente los arroja del miedo normal a la fobia. El chantaje suicida es lo peor que puede hacer una mujer.

Ellos y el matrimonio

Según una encuesta de una popular revista para caballeros, los hombres son chapados a la antigua a la hora de casarse.

- 72% de ellos son galantes, y se ponen de rodillas para proponer matrimonio.
- 85% de los caballeros casados esperan estar con sus esposas hasta que la muerte los separe.

Capítulo 4

Corto circuito emocional: sus sentimientos

Corto circuito emocional: sus sentimientos

Y el verbo se hizo

¿Te desespera no saber qué pasa en esa "cueva" de tu novio que se llama cabeza? ¿Sientes que si salieras con una piedra tendrías mejor comunicación? ¿No encuentras ninguna diferencia entre el *te amo* que dice tu galán y una bolsa de hielo? ¿Por qué a los hombres les cuesta tanto trabajo decir lo que sienten? Porque aunque no lo creas, **¡sí sienten!**

Primero. Considera que el cerebro de ambos sexos son muy distintos. Una de las grandes diferencias que disminuyen al varón es el lenguaje. Según un estudio realizado por los científicos estadunidenses Sally y Bennet Shaywitz de la Universidad de Yale, las funciones lingüísticas de las mujeres están presentes en sus dos hemisferios cerebrales, mientras que en los hombres sólo en uno. Lo que les da mucha ventaja. Por ejemplo, eres más veloz a nivel verbal, manejas mejor el intelecto, conceptos, ideas, ocurrencias, sustantivos y adjetivos. Y eso sólo, si utilizas un hemisferio cerebral, porque con los dos se eleva el porcentaje. Así, tú podrías apelar a esa "reserva" de tu actividad lingüística o no necesitarla, o incluso no emplearla nunca, pero el hombre no puede hacerlo de ningún modo, porque cuenta con un único archivo.

Segundo. Todo este asunto de las emociones y ellos viene desde la educación y el medio social en el que viven. La verdad es que se pasan cuando incesantemente se repite que "un niño no llora". Para empeorar el asunto, se reitera a lo largo de la infancia y adolescencia que para ser "aceptado" en el rol sexual del hombre hay que colocarse una máscara sin emociones. Quizá piensan que no les digo nada nuevo, pero seguramente no se habían percatado de que son ustedes, las mujeres, quienes muchas veces refuerzan esta actitud. Lo siguiente es lo que en un varón está **bloqueado.**

Sentimiento bloqueado # 1
¡Es que... no sé cómo me siento!

La testosterona, los cromosomas y la forma en que trabajan sus hemisferios cerebrales son los culpables de que la mayoría (si no es que todos), de los caballeros se inhiban cuando les preguntas cómo se sienten. Por una parte está el hecho de que creen a ciencia cierta que desahogarse emocionalmente los hará vulnerables, como una puerta abierta para que entres y los destruyas (porque los "hombres no lloran" y si lo hacen son "maricas"). Otra explicación es que muchas veces ni ellos mismos saben cómo se sienten. A diferencia de las mujeres que pueden hablar y llorar sobre su relación durante horas gracias a que sus hemisferios cerebrales coordinan perfectamente cerebro, corazón y cuerdas vocales a la vez; para un hombre es imposible.

De manera que si tu galán se pone pálido, enmudece y crispa las manos cuando le preguntas sobre sus sentimientos, sé comprensiva y déjalo que comience a ejercitarse: verás que, con el tiempo, por lo menos logra articular algunas palabras.

> Mira, él, sin decir agua va, se calla, se pone de malas, avienta las cosas, habla entre dientes, no me dirige la palabra para nada, se pone a ver la tele o escucha música a todo volumen... Cuando con todo el interés del mundo le pregunto: ¿qué te pasa?, ¿sabes qué me contesta?: "nada". Luego le pregunto nuevamente "¿estás bien?" y ¡sólo mueve la cabeza! Esto es desesperante, realmente no sé cómo actuar porque lo quiero y me duele verlo así.
>
> GINA, 29 AÑOS

Sentimiento bloqueado # 2 ¿Perdón? ¿Para qué?

No lo hace casi nunca, sobre todo si la disculpa la expresa a una mujer, porque sabe que en cuanto diga la bendita palabra se hundirá todavía más. El problema reside en que la mayoría de los hombres cree que —y su larga experiencia se los ha remarcado— con el clan femenino no funcionan las disculpas. ¿Por qué? Sencillo: cuando un caballero dice "perdón", él está admitiendo que cometió un error. Si es otro hombre quien lo recibe, éste lo aceptará contento pensando: *Bueno, ahora que tú admitiste que hiciste mal, podemos volver a ser amigos como antes*. Su disculpa representa el fin del problema. ¡Peeero! Cuando el perdón va dirigido a una dama, saben que va a ocurrir exactamente lo opuesto: en cuanto el hombre se disculpa, la discusión se reanuda, pues por inercia su pareja comenzará a enumerar todas y cada una de las razones por las que se debe sentir avergonzado. ¿Resultado? Él se frustra y cree que pedir disculpas fue el mayor error.

De manera que tendrás que trabajar alguna estrategia para que la disculpa forme parte de su vocabulario. Una sería fingir que algún hermano, amigo o ente confidente se disculpa contigo... y tú sin más lo perdones. Tu pareja sabrá que cuando le llegue el turno a él, habrá mayor comprensión.

Sentimiento bloqueado # 3
Te a.....m.....o

Es un hecho, a muchos caballeros, por muy enamorados que estén les cuesta uno y la mitad del otro decir *te amo*, junto a *lo siento*, porque eso refleja sus emociones, y en consecuencia es signo de debilidad. Dicho estereotipo se les inculca desde muy temprano. Se les enseña a reprimirse mediante el dogma de que los hombres no lloran y también por las imágenes que muestran tipos fuertes y silenciosos, como Rusell Crowe y George Clooney. De hecho, los estudios revelan que los hombres sienten que están fuera de control cuando muestran sus emociones, y en consecuencia, guardan silencio cuando algo los perturba.

De manera que la forma en que lo seduzcas, día con día, y lo enamores al grado de que sienta que pueden envejecer juntos, será el secreto para que en algún momento te mire a los ojos y te diga ***te... Amo***.

Suavidad bajo esa piel llena de músculos. Aunque te cueste trabajo creerlo, en realidad los hombres sí tienen corazón, y a veces es tan grande y tierno como un elefante rosa disfrazado de conejito en una fiesta de jardín de niños. Pero por supuesto que no lo van a enseñar, eso les parece ridículo. Para muchos es como si *Superman* les confesara que tiene una colección de peluches... imposible... eso no pasa.

Cómo desbloquearlo. No es nada científico, sólo basta que tú te equipes con la antorcha del amor, la llama de la pasión y mucha, pero mucha comunicación. Dicen que la mejor manera de dominar a las bestias es con la música; del mismo modo, la mejor forma de **desbloquear** a un hombre es con la palabra. Tienes que ser sensible e inteligente para derribar esa muralla.

Ayúdalo a reconocer qué es lo que siente. Un sencillo juego de palabras funciona de maravilla. Busca un momento de paz y tranquilidad, puede ser después de hacer el amor (¡no inmediatamente!, sino tal vez 10 minutos después). Pregúntale cómo describiría la forma en que se siente en ese momento y ponle un ejemplo antes de dejar que él responda. Dile que te sientes feliz, contenta, buena onda; usa adjetivos sencillos. Si no quiere responder, agrégale otro adjetivo para describir TUS emociones, no las que esperas que él tenga. Dile por ejemplo: "estar contigo me hace sentir especial" o "saber que eres el amor de mi vida, me fortalece". Es un asunto de ejemplo, pronto él se contagiará de la forma en que te desinhibes y comenzará a *soltar prenda*. Después, incluye otro tipo de adjetivos como *realizada, soñada, completa, enamorada.*

Deja que responda. Quizá todavía no pueda expresarse del todo, así que tendrás que ayudarlo igual que con el juego anterior. Empieza preguntándole si se siente feliz o tranquilo. En poco tiempo verá que hay interés genuino por saber qué onda con él y esto le ayudará a reconectarse con sus sentimientos, o sea, podrás saber con precisión qué siente tu hombre.

Y sobre todo...

No insistas. Recuerdo una escena de la película *Cómo perder a un hombre en 10 días.* Los dos están en el cine viendo una cinta romántica, de pronto ella (Kate Hudson) se le queda viendo a él (Matthew McConaughey) y lo interrumpe con un *¿qué piensas?* ¡Por Dios! El tipo sólo estaba viendo la película. Esto es algo que ustedes las mujeres hacen con mucha frecuencia, en especial cuando se dan momentos de silencio. Desde luego, la respuesta que obtienen es *¡nada!,* y entonces se enfurecen porque: *¡no me quieres decir qué piensas!* Claro que el hombre termina enojado, no es para menos. Así no se hacen las cosas. Insistirle a tu galán para que hable, lo enoja. Lo vuelve loco el que le estés repitiendo la pregunta: *¿qué tienes?* En vez de ayudar, lo toma como un componente al que hay que rebelarse. Si ya lo hiciste... **Acepta tu error y corrige:** *No, no me tienes que decir...* Luego lánzale la mejor de tus sonrisas y bésalo, lo dejarás maravillado.

Súplica masculina. *A veces no estoy pensando en ti. ¡No pasa nada, carajo! No me preguntes qué pasa por mi mente. Respuestas sencillas como un SÍ o un NO se pueden aceptar perfectamente para cualquier pregunta.*

En suma...

No sabe de emociones. Porque la mayoría de las veces ni siquiera él mismo sabe cómo se siente. A diferencia del clan femenino que puede hablar sobre sus relaciones durante horas, el masculino no sincroniza el cerebro, el corazón y las cuerdas vocales. Y en lugar de hablar sobre sus emociones, tiende a expresarlas mediante la bebida o la agresión. Por lo mismo, la depresión de ellos no es explícita o manifiesta. Según estadísticas, ésta es una de las causas del alarmante índice de suicidios entre hombres jóvenes: el "sexo fuerte" es cuatro veces más propenso a hacerse el "haraquiri" que el "sexo débil".

> Pueden ser brillantes en su profesión, pero cuando oyen a una mujer hablar de sus sentimientos, el cerebro se les pone en blanco. No, no es una excusa, ellos no analizan lo que sienten de la misma manera en que lo haces tú. Para su género, los sentimientos son demasiado amorfos.

Capítulo 5

Sólo para hombres: su diversión

Sólo para hombres: su diversión

> Dicen que el hombre es un animal de costumbres; más bien de costumbres el hombre es un animal.
>
> MAFALDA

Así es, son multitud los hombres que con novia o sin ella se crean hábitos "sanos" como una vía de escape a la rutina de trabajo o una forma de independencia con su pareja. Lo hacen cada fin de semana, cada mes o en fechas importantes. Sus juergas incluyen: amigos, futbol, cartas, antros, cervezas, etcétera.

1. AMIGOS

Hoy voy a irme de farra con mis cuates. Son nueve palabras que para la mayoría de las mujeres son pecado capital. Y es que después de su familia, sus "cuadernos de doble raya" son quienes más los conocen y tienen más cosas en común con ellos: gusto por las chelas, el futbol y las mujeres. Entre sus amigos se sienten comprendidos y se entienden a la perfección. Mantienen una fraternidad que, en ocasiones, cae en la obsesión, tanto, que su compromiso contigo depende mucho del vínculo que haya establecido con sus cuates. Además, a un hombre le es imposible imaginar emprender un largo viaje con una novia que se disguste porque él convive con sus "casi hermanos". Esa actitud le da a entender que cuanto más se comprometa, más sacrificará su libertad.

Para los hombres pasar tiempo con sus amigos y ver deportes en la televisión son actividades prioritarias.

Es el momento mágico con sus amigos

¡Así es! Déjalo ser mientras no caiga en la compulsión. Sea como sea, tú eres su prioridad, la mujer que ama. Con ellos echa relajo, bebe, se descompone o da alaridos mientras mira un partido de futbol al tiempo que la salsa de sus alitas de pollo corre por su barbilla. Mas eso no significa que los prefiera a ellos, pues sabe que con éstos no tiene ni tendrá lo que contigo: afecto, amor y sexo. Él lo sabe, tú lo sabes, ellos también.

> En serio, a mí no me importa que se vaya con sus cuates, total así hasta me doy también un respiro. El problema con mi novio es que al principio se juntaba con ellos cada fin... hoy lo hace ¡casi diario! Y todavía tengo que soportar su perorata de "y es que si vieras a Daniel (su mejor amigo), el pobrecito anda con la capa caída". Y así, tiro por viaje. ¡Es insoportable! Estoy de acuerdo en que los hombres tengan amigos y se junten de vez en cuando, pero lo que hace el mío es para dejarlo... y no tarda en que lo haga.
>
> ANÓNIMA

El Club de Tobi

Generalmente los hombres tienen un círculo muy cerrado de amigos, son los que han pasado sus mejores aventuras. En ocasiones se reúnen (lo que felizmente han llamado *El Club de Tobi*) con el fin de recordar aquellas viejas experiencias al calor de las cervezas, los cigarros y las palabras altisonantes. Una reunión secreta, en donde no cabe el sector femenino ni nada que se le parezca. Ahí es donde ellos se sienten libres, destensados por toda esa carga de trabajo semanal y pueden hacer y deshacer el mundo sin que nadie los critique.

REUNIÓN A PUERTA CERRADA, ¿QUÉ PASA?

En este búnker se habla de política, futbol, sexo, logros profesionales, sexo, amor... y mucho sobre mujeres, para calificarlas de "muy buenas" o de plano para no dejar sana su reputación. Se discute todo lo que nadie en casa quiere escuchar. Los jugadores y entrenadores de futbol son destrozados o canonizados. Se cuentan chistes, se recuerdan viejos tiempos de adolescencia y escuela, aventuras y travesuras. Uno de los participantes es "la botana", es decir, juegan con él, lo empujan, se burlan. Por supuesto, se entonan canciones rancheras (de preferencia de Vicente Fernández).

Y el tema más socorrido... las mujeres

Si todos están solteros y sólo hay un enamorado, los demás lo dejan en la orilla, junto al teléfono para que le pueda llamar a su "domadora" y se reporte.

Si varios están flechados por Cupido entonces se juntan a hablar de lo buenas que son las relaciones, de lo que han aprendido de sus mujeres (sobre todo en la cama), de las veces que han intentado engañarlas, del trabajo que les costó ligarlas, de la primera vez que las besaron... Los más clavados hablan sobre el matrimonio, la familia y los hijos.

Los que están solteros hablan de muchas conquistas, de la chica que no les hace caso, de que jamás los verán casados, de las ventajas de estar solo.

Respeta su derecho de admisión

Cuántas de ustedes no han aplicado la típica frase: *pues si no tienes nada que ocultar, me puedes llevar, ¿no?* Lo que no comprenden es que es una reunión **exclusivamente masculina,** en donde todo lo que se ve y oye es peligroso para una dama. De cierta forma, ellos las están protegiendo del florido lenguaje de sus amigos, sobre todo cuando el alcohol ya ha hecho su trabajo, las groserías y los comportamientos *non gratos* salen a flote.

Solución. Así que velo desde este punto de vista, para que la próxima vez que él se vaya, sepas lo que te está evitando. En serio, ¡es por tu bien!

Cuando él vaya a su reunión de amigos... déjalo ir, es parte de su vida, de su desapego de la vida cotidiana. Una de las formas en que se siente **hombre**.

Creo que tú también tendrás un círculo de amigas en donde no tienen cabida los varones, ¿o no?

Súplica masculina. *Domingo = parrillada = amigos = futbol en la tele y cerveza. Ésta me emociona tanto como a ti los bolsos. Esto es como la Luna llena o la marea: no se pueden evitar.*

Nunca jamás le digas...

¿Otra vez te vas con tus amigotes, otra vez te vas al futbol...?

La independencia es una de las cosas básicas que deben otorgarse para que la relación no se convierta en una bomba de tiempo. Amarse no sólo es estar juntos, sino también separados: cada quien con sus actividades, con sus amigos, con sus aspiraciones. Dense tiempo, espacio y desahogo. Déjalo que disfrute de las cosas que le gustan, aunque tú no estés incluida. Si percibes que algo no está bien en la relación porque casi no te ve, habla con él pero sin que parezca reclamo. El hecho de que repitas *otra vez*, denota que estás pendiente de él. De acuerdo, puede causar enojo el hecho de que prefiera estar con sus amigos, pero si creas conflicto en vez de propiciar una mejor comunicación, sus ganas de irse serán más frecuentes.

Si le reclamaste... Evita que se enoje, dile que lamentas que se vean tan poco y que te gustaría que pasaran más tiempo juntos... Verás que su reacción es otra.

En efecto, el hombre es un animal de costumbres:

- Los amigos le dan seguridad, igualdad y lealtad.
- La cerveza le otorga valor, masculinidad, soltura, optimismo.
- El futbol les regala felicidad, liberación, estatus y mucho desahogo al gritar *¡goooool!*
- Las conquistas reafirman su masculinidad.

Capítulo 6

¡Porque soy muy hombre!: lo que cree

¡Porque soy muy hombre!: lo que cree

Los varones tienen creencias culturales muy arraigadas. Y así, en el pecado, llevan la penitencia.

Pensándolo bien rara vez te confrontará

Y sí. En las neuronas masculinas no entra el enfrentarse contigo. A los hombres no les importa pelear con otros hombres, pero tener una confrontación con una mujer es tan deseable para ellos como un examen de próstata. Ellos temen la confrontación en el contexto de una relación, porque sienten que pierden el poder. También saben que cuando se discute un problema, tú tienes la energía de un corredor olímpico que ha usado esteroides, por lo que tratan de terminar pronto con la frase: *Vamos a olvidar este asunto...* O: *Está bien, tienes razón, ¿Podemos cambiar el tema?*

Cuando se da la confrontación. Cada vez que ambos tengan un asunto espinoso que discutir, en lugar de hacerlo sentados, háganlo caminando. Según investigaciones científicas, el movimiento libera endorfinas, sustancias químicas cerebrales que agudizan la concentración, al mismo tiempo que reducen los niveles de cortisol, (la hormona relacionada con el estrés); y la testosterona, se reducen un tanto. Todo es requisito fundamental para llegar a acuerdos. Así que ya sabes, si el asunto es muy delicado, mejor díselo de camino al parque.

Ya ahí. Ten una discusión justa, ¿cómo?, sigue estos consejos:

a. **Mantén el tema.** No abordes problemas que no estén contemplados en la discusión.
b. **Evita los insultos.** Pues de éstos a los golpes sólo hay medio paso.
c. **No generalices:** *Tú siempre* o *tú nunca* no ayudan.
d. **No involucres a terceros.** Ni familia ni amigos ni...

Súplica masculina. *Cuando discutimos, ella suele traer cosas del pasado, que nunca mencionó antes. Es como si acumulara las balas para dispararlas todas juntas.*

Rara vez te pedirá ayuda

Y sí. Ni aunque se le estén cayendo los pantalones mientras carga un cartón de cervezas. Desde que es niño lleva grabado en el cerebro lo que debe hacer y lo que no. Pedir ayuda está entre lo que no. Una voz interna repite la frase "Tienes que ser fuerte"; porque las debilidades (como el hecho de "pedir una manita", aunque sea de vez en cuando) sólo son toleradas en las mujeres, en los incompetentes y en los "intentos de hombre". Así, antes de que un "superhombre" pida ayuda tiene que admitir que "la necesita", y eso es casi imposible, como tanto decir: "te amo".

¡Ayuda por favor! Si deseas que él cambie esa actitud de **Hombre Poderoso** empieza a ayudarlo en tareas sencillas: se le cayó un clavo, dáselo; busca unos papeles, localízalos de manera imperceptible, se le hace tarde para el trabajo, alcánzale el portafolios. En breve él mismo te pedirá ayuda.

TIP

Pregunta para conocerlo mejor: ¿Cómo te describirías usando sólo cinco palabras?

(Analiza sus respuestas para saber quién es.)

Rara vez admite que está equivocado

La mayoría de los hombres tienen miedo de ser considerados débiles, de manera que intentan probar su fortaleza tratando de ganar todas las discusiones. Así que difícilmente tu galán reconocerá que se equivocó en la hora de la cita, mucho menos admitirá que lo hizo con su profesión.

No necesitas usar guantes para ganar la pelea. La mejor forma de lograr que el tuyo reconozca su equivocación es demostrándole, con mucha serenidad y lógica, que puedes sustentar los argumentos que le estás presentando. Puede molestarse si te entusiamas y le das rienda suelta a tus sentimientos, pero si das ejemplos concretos y hablas en *su* propia lengua, se mostrará dispuesto a escucharte y admitirá que tienes razón. Así que ya sabes, respira profundo, prepara la información (ten calma) y dale tus argumentos. Al final, él tendrá que admitirlo.

> ¡Uy!, no, el día en que mi "perfecto" novio admita que por primera vez se ha equivocado... creo que se acaba la hambruna en el mundo. Algún cable en su cabeza se le desconectó porque nunca, y te digo nunca, ha reconocido que la ha regado... aunque yo tenga los pelos de la burra en la mano. Cuando es algo sin importancia, y para no pelear, siempre le digo: "¡ah, tienes toda la razón!" Cuando el asunto es serio, nos aventamos cada bronca.
>
> ANA, 31 AÑOS

RARA VEZ TE PREGUNTARÁ

¡Cómo se equivocan! Si al hablar con tu pareja tienes la sensación de que está haciendo una entrevista más que manteniendo un intercambio verbal, eso no significa que él esté menos interesado en ti. Es sólo otro caso del abismo cromosómico que hay entre los dos. Por ejemplo él no es alérgico a la idea de preguntarte *adónde quieres ir de vacaciones*. Pero la simple idea de interrogarte sobre asuntos personales es suficiente para que se retuerza de agonía. Una razón por la que un hombre no hace preguntas en situaciones íntimas es porque eso lo puede conducir a un diálogo profundo sobre los "sentimientos", algo que no es exactamente su cualidad. Además, los caballeros están condicionados por la sociedad para tomar acciones, no para sentarse y perder el tiempo hablando.

Pregunta. Sí, a veces por contagio el comenzará a preguntarte cositas. Así que no preguntes como si se tratara de un interrogatorio policiaco, hazlo de manera sutil, con tacto y usa las palabras adecuadas. ¡En serio!

Tú dices: *Mi amor, ¿por qué no te detienes y preguntas cómo llegar a esta dirección?*

Él escucha: *¡Qué bruto eres! Estás perdido, no sabes por dónde andas no puedo confiar en ti.*

Cosas que un hombre hace, piensa, cree y dice... Sólo por ser hombre

Como he dicho, hay cosas que las mujeres siempre esperan de los hombres. Que dejen hacia arriba el asiento del inodoro, que se les olviden los cumpleaños, que griten cuando ven un partido de futbol (deporte = religión). Comprender a los dueños del cromosoma Y es bastante difícil. Hay misterios, rarezas, manías, costumbres como las siguientes. Mas recuerda, no son todos los que están ni están todos los que son.

Sexualidad masculina

Al hombre:

- Le importa el tamaño de su compañero de batalla. Hombría y virilidad dependen en sumo de su pene y testículos que le acompañan.
- Le aterra la impotencia, y sufre una terrible ansiedad por quedar bien, en especial la primera vez. Casi todos preferirían la muerte a no lograr una erección, y lo peor que les puede pasar en esa situación es que tú les digas: *No te preocupes, no tiene la menor importancia.*
- Le gusta masturbarse, mucho más de lo que dice. Hasta en una relación sexualmente activa, una que otra vez, él querrá satisfacerse manualmente.

- En su fantasía, el hecho de que veas su miembro te provocará un orgasmo.
- Rara vez le gusta el jugueteo inicial para entrar en calor y llegar al clímax. De diez, nueve siempre están listos para quemar sus naves a la primera provocación.
- Le estimula fantasear con alguien que no seas tú mientras tiene sexo contigo.
- Por muy dichoso que sea en su relación, si tuviera la oportunidad de engañar a su mujer lo haría en un abrir y cerrar de ojos.

Mujeres ajenas

Ellos...

- Nunca le quitarán la novia a su mejor amigo; le pedirán permiso antes de mudarse con ella.
- Tienen a su pareja y siempre andan queriendo con la chica de al lado, con la del amigo, con la del vecino, con la del primo, con la del...
- Empiezan a flirtear con la primera mujer que los saluda o les saluda de beso.

> Acercarse a un grupo de chicas que cuchichean y se ríen entre ellas es un verdadero reto para cualquier hombre, por muy valiente que sea. Es más difícil que enfrentarse a un mar embravecido. Los hombres son cazadores, tienen la idea y la necesidad de estar siempre al acecho, por eso cuando un grupo de mujeres se para frente a ellos y los mira, se sienten desarmados. Por muy seguros que sean, es inevitable sentir que hablan de ellos, que los critican y devalúan.
>
> **Moraleja:** Si quieres que un varón se te acerque, ¡Aléjate de tu grupo de amigas!

Preocupaciones

Se despertó una mañana y se dio cuenta con miedo que muchos de sus cabellos se esparcían sobre la almohada; al lavarse la cabeza pasó del miedo al terror: dos montones más nadaban de dorso en la bañera; lo último fue escalofriante: montones de cabellos se arremolinaban y desprendían del cepillo sin parar.

La pérdida de cabello es una de las mayores afrentas al orgullo masculino. No creas que representa un signo de virilidad; la caída del cabello es la forma en que la naturaleza les dice: *Despídete... ya pasó tu cuarto de hora.*

No sabes cuánto les **preocupa** pues, amén del pene, en el pelo depositan mucha de su fuerza mental y sexual.

Se preocupan mucho menos de cosas superficiales como la gordura y la figura. Para ellos, la actitud es lo que cuenta, sin embargo:

- Son paranoicos con la edad. Sobre todo si a los 40 años no se han casado.
- Evitan un compromiso. Por muy felices que sean contigo, viven en el temor constante de amarrarse y que luego aparezca la mujer de su vida, la de sus sueños, la Julieta.
- Creen que la peor forma de perder el tiempo es salir a comprarse ropa interior y lustrarse los zapatos.

Súplica masculina. *Tengo dos pares de zapatos. Por lo mismo, ¿qué te hace pensar que sirvo para decidir cuál de los diez que tienes se te ve mejor?*

Finalmente, les preocupa tanta presión que les ha endilgado el mundo. Ponte en sus zapatos, por ejemplo en el caso de la seducción: ¿qué harías tú si tuvieras primer que invitarlo a salir; luego, pedirle que fuera tu novio:

más adelante, si hay una buena relación, preguntarle si quiere casarse contigo, hablar con su familia para pedir su mano, tomar la iniciativa en la relación sexual, decidir adónde ir en el aniversario...? ¿A poco no te agobiaste?

Cosas de las que ellos nunca se cansan

- De hacer payasadas. Cuando intuyen que hay problemas se transforman en actores cómicos. Usan el humor para suavizar tensiones. Es una competencia machista.
- De ver una película una y otra vez.
- De andar siempre mal vestidos (recuerda que hay excepciones).
- De no llamarte cuando lo prometió.
- Y de querer tener sexo sin condón, dizque porque les aprieta.
- De querer ser siempre los directores de la orquesta.
- De hablar de sus conquistas. Es poco comunicativo contigo, pero a sus cuates les cuenta todas sus aventuras.
- De desafiar constantemente al peligro. Todo para probarse a sí mismos y demostrar que ellos son los reyes de la naturaleza, los más fuertes. Tienen la necesidad de sentirse superiores, poderosos e invencibles.

Yo no sé porque a los hombres no les gusta vestirse como Dios manda. He visto cada cosa: andan con el pantalón a media raya, descamisados, desfajados, zapatos sucios... En fin, dan pena ajena, aunque hay sus bonitas excepciones.

Abigail, 35 años

Hechos

- A muchos no les gusta que se sepa lo que ganan. Antes prefiere decírselo a toda la población de China que a ti.
- Está escrito en el código de la masculinidad que de cada diez, nueve odien automáticamente a su suegra.
- Ellos son mejores cocineros que las mujeres. Eso que ni qué.
- Dos docenas piensan en su auto más que en nada. La emoción de conducir a gran velocidad, con la música alta, las ventanillas bajas y una generosa rubia a su lado, es, para ellos, lo más parecido al paraíso en la tierra.
- A los caballeros débiles les atraen las mujeres fuertes, y a los flacos las gorditas. Pero pocos saldrían con una mujer más alta que ellos.
- De diez, nueve detestan que las mujeres les hablen con detalle de sus problemas de menstruación o de padecimientos vaginales o de enfermedades de transmisión sexual. Y no sólo porque los avergüenza, sino porque no les interesa en absoluto.
- Ellos pasan alrededor de "chorrocientas" horas al año esperando por una mujer, de una forma u otra. La mayoría de las veces es para salir.
- Están entrenados para creer que depende de ellos decidir qué día salir y a qué lugar ir.
- La testosterona hace que muchos se alejen de la sensiblería. Detestan lo que ellos consideran cursi: flores, poesía, cartas, lágrimas, música melosa, ositos de peluche, chocolates. En general, todo aquello que consideran sólo de mujeres.
- Tienen siempre la razón en todo... Y para ellos, ¡eso es un hecho!

Los hombres

- Son criaturas simples. Les gustan las cosas sencillas, como pizza y cerveza, senos y deporte.
- Pierden generalmente el teléfono de una chica a la que querían llamar.
- Son criaturas territoriales.
- Son malísimos recordando detalles.
- A veces les cuesta trabajo distinguir un clavo de un tornillo. Tienen una faceta de "galantería" masculina que los impulsa a arreglar cosas.
- Tienen miedo de ser considerados débiles, de manera que intentan probar su fortaleza tratando de ganar cualquier discusión.
- Casi siempre están bajo presión y eso los hace masculinos, fuertes, duros, y también les permite asumir el control. Por ejemplo, si tú y él van de la mano caminando juntos, sólo a uno de los dos le está permitido asustarse.
- Cuando discuten, pronto se ponen a la defensiva y se cierran. Cuando uno de ellos se enfurece se le cataloga como enérgico, pero cuando lo haces tú te ven como la mala de la película.
- Se callan más cosas de las que te imaginas.
- En general no son buenos para el bla-bla-bla ni para el güiri-güiri. Son más prácticos, más de acción, un movimiento, un empujón o unos ojos coquetos les dice más que un millón de palabras. Así es como ven el mundo y como creen que todos lo ven.
- Aman a sus amigos, incluso más que a ti. Para ellos es difícil imaginar que podrán emprender el largo viaje con una novia que se disgusta porque él salga a sus viernes sociales en el famoso Club de Tobi.

Finalmente, te has dado cuenta de que la mayoría no sabe qué regalar. Ni el famosos Nostradamus sabía qué darle a su esposa. Y no es que tu novio te quiera hacer enojar o que tenga un desconocimiento total de tu persona, sino que ¡jamás se ha adentrado a este mundo femenino! Ni le interesa ni le importa saber la última moda en medias de lycra ni tampoco tus comentarios acerca de las botas de piel que llegan a la rodilla y que te mueres por estrenar. De eso él no sabe nada, ni de tiendas y tallas. ¿O acaso te lo imaginas recorriendo los pasillos de ropa interior? Generalmente él sólo va a una tienda de ropa cada vez que se le rompe un calcetín para comprar uno igual. Así que un poco de comprensión, ¿sí?

¿Sabes con qué me llegó un día de mi cumple?, ¡con unos boletos para ir a ver el clásico de América contra las Chivas! Digo, en qué cabeza cabe. De la risa pasé al llanto y de éste a una rabia que todavía me duelen las tripas.

ANÓNIMA

Capítulo 7

¡Eh! ¿Cuándo? ¿Quéeee? ¡Uuuy! ¿Por qué?: sus desvaríos

¡Eh! ¿Cuándo? ¿Quéee? ¡Uuuy! ¿Por qué?: sus desvaríos

Se pueden llenar los bolsillos con los hombres que olvidan, se distraen con facilidad, no son detallistas, se cortan un dedo y ya quieren una ambulancia y están más que seguros que van en la dirección correcta, cuando ya dieron cinco vueltas en círculo y van de regreso al punto de donde partieron.

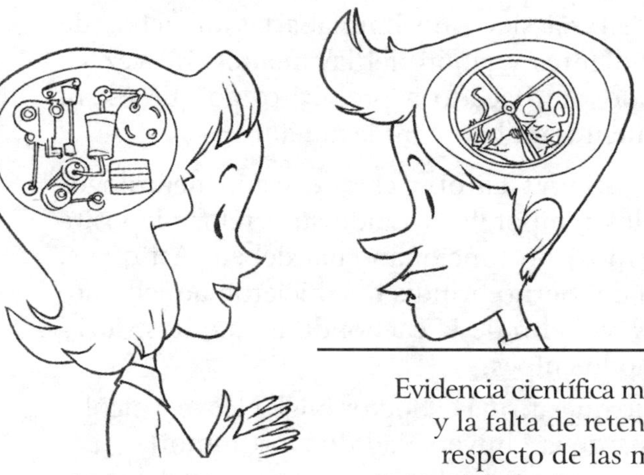

Evidencia científica muestra que los olvidos y la falta de retención de los hombres respecto de las mujeres radica en las diferencias anatómicas y biológicas.

¿Los caballeros tienen memoria? o ¿por qué olvida tu cumpleaños?

Son mayoría los caballeros que, aunque les haya pasado hace mucho tiempo, recuerdan hasta con lujo de detalle todo aquello que les levanta el ego... Pero son olvidadizos cuando de cumpleaños o aniversarios tuyos se trata.

Alzheimer selectivo

¿Por qué se olvidan de todo?, por dos elementos:

1. **¡Cuándo!** ¿Por qué esa señal suficiente e insuficiente de memoria? Pues fácil, por una parte es una suerte de selección mental. Me explico: los caballeros suelen padecer tempranamente Alzheimer selectivo. Dicho en castellano, olvidan lo que quieren olvidar y recuerdan en memoria RAM lo que quieren recordar. Por ejemplo, cuando una novia insistió en que no me visitaría si yo no limpiaba las manchas de pasta de dientes y jabón del lavamanos, tal vez yo "me olvidé" de hacerlo a propósito, porque es mi departamento, mi baño, mi lavamanos.
2. **¡Ups, lo olvidé!** La otra es que según neurólogos sus lóbulos temporales (donde su cerebro deposita los recuerdos) no funcionan cual deben. Así que si se olvida del tierno brindis que hicieron aquella noche de Navidad o de la cachondería que te susurró al oído no lo culpes.

La variante es lo que afirma el doctor Nick Neave, psicólogo evolucionista de la Universidad de Northumbria: "Las mujeres recuerdan los cumpleaños y aniversarios porque son la oportunidad perfecta para mostrar su aprecio por una persona". Los hombres, en cambio, están programados para lograr objetivos y obtener recompensas, y eso de hacer felices a otros, no es una de sus prioridades. Ellas piensan en cada detalle de su relación, mientras ellos se preocupan por asuntos más generales, de manera que tener en mente varias cosas a la vez hace que olviden los aniversarios, aun cuando su intención sea recordarlos.

"Esto no significa que amen menos que una mujer," agrega Neave, "simplemente es que ellos aman a su manera".

¿Cómo manejarlo? La próxima vez que se acerque una fecha especial para ustedes, sé la condición para que la recuerde. En una investigación reciente se descubrió que en una relación estable 38% de ellos quiere sexo en tres o más ocasiones a la semana, pero sólo 9% lo obtiene: toma en cuenta este dato.

Según neurólogos, la parte del cerebro sensible a las hormonas sexuales es dos veces y medio más grande en los varones que en las mujeres: es obvio lo que ellos en verdad quieren al finalizar el día. Entonces si te compra unos zapatos o ropa sexy en ese día tan especial, te está sugiriendo que tiene control sobre la situación y un objetivo final.

Sé comprensiva

Esta vez él es completamente inocente, como Pepe el Toro, su cerebro no puede crear una memoria tan sólida y duradera como la que creas tú.

Súplica masculina. *Las mujeres tienen una memoria perfecta en lo referente a los detalles, como el aniversario de la primera cita. Es muy lindo que lo recuerden... siempre que no se sientan ofendidas por que nosotros lo olvidamos.*

¿Qué me decías?

Caso aparte, los hombres tienen la manía, y molesta a muchas mujeres, de dejar siempre la tapa del baño arriba. Esto lo hacen porque su atención es muy, pero de verdad muy dispersa y su tendencia al entretenimiento es abrumadora, no creas que es sólo para sacarte de tus casillas. Para el tiempo en que está subiéndose el cierre del pantalón, su mente ya anda tan lejos (videojuegos, el futbol, etc.), que la tapa del inodoro quedó en el olvido.

Ponlo en sintonía. No lo culpes, pero recuerda que si se le pasan detalles tan simples como ése, puede olvidar muchos más. La mejor forma de ponerlo en orden es reiterarle las consecuencias que trae huir a las nubes y pedirle que preste mayor atención para colocarle una estrellita. Tú sabes a qué me refiero, con el tiempo se acostumbrará y la estrellita será opcional.

¿A poco no? Las mujeres siempre se quejan de que los caballeros no les prestan atención a los detalles. Piensa en la última vez que te cortaste el cabello o te pusiste un vestido diferente: el hombre de tu vida ni siquiera lo notó. Pero ¿sabes por qué? Pues porque no le interesan esos asuntos, no porque no te quiera.

¿Por qué son tan hipocondriacos?

¿Cuántos no tienen una gripa y ya piensan en Influenza?, A los caballeros, desde pequeños, cuando están enfermos invariablemente los cuidan. Ellos así consiguen mayor atención que ustedes. Mientras que ellos desde chiquitos se suben a los árboles y se raspan las rodillas, las niñas son más cuidadosas. Luego, cuando se convierten en adultos, es un tabú para ellos admitir que necesitan cualquier tipo de apoyo emocional, entonces usan las enfermedades como un pase directo para gozar de la amabilidad, los cuidados y la atención, lo que de otra manera no se atreverían a pedir.

¿Cómo manejarlo? Pregúntale por qué está decaído, dale toda la atención que necesita y deja que se desahogue, esto ayudará a que se sienta mejor en poco tiempo.

¿Por qué no preguntan direcciones?

Aunque esté más perdido que una cabra. Pero la razón es por ti. Porque quiere proteger a su ego. Para un hombre, el estar extraviado implica impotencia y nunca estará dispuesto a aceptarlo. Él piensa que sencillamente no ha llegado todavía a un lugar, pero confía en su habilidad para hacerlo. El hecho de frenar el coche y bajar la ventanilla lo hace sentir vulnerable, no preguntar es un simple instinto de supervivencia. Seguramente te habrás dado cuenta de ello cuando tu galán ha dado, por muchas horas, vueltas en círculos.

¿Cómo manejarlo? Cuando las parejas viajan en coche, es más probable que el hombre vaya detrás del volante, si es tu caso, lo mejor antes de salir es planear el trayecto y decirle que estás segura de la ruta a seguir y que debe confiar en las indicaciones que le des. Así de simple lo entenderá. Si no, después de muchas vueltas se dará cuenta de su error.

Súplica masculina. *Regla genérica: ante cualquier duda sobre nosotros, piensa siempre lo más sencillo.*

¿Por qué no escuchan o lo hacen a medias?

Un estudio hecho recientemente por la Universidad de Sheffield, en Inglaterra, demostró que la voz femenina tiene sonidos más complejos que la masculina, lo que provoca "agotamiento" en los hombres. Es por eso que en muchas ocasiones las mujeres se quejan de que ellos no las escuchan; sin embargo, lo que sucede es que se "desconectan" por una razón puramente fisiológica. ¿Qué chistositos, no? Puedes echarle la culpa a esto o a la educación, la historia, la televisión o a que a través de tantas experiencias ya están ariscos. Aunque sí, mejor échale la culpa a la biología, ya que ahí radica el mal.

No es que ellos escuchen lo que les conviene, sino que el hemisferio cerebral, que debe procesar esta información, simplemente no funciona como el de ustedes. La corteza que recubre este hemisferio los hace escuchar la parte final o el principio de una idea femenina. Por naturaleza, ustedes hablan mucho; ellos, no, y sólo oyen parte de la información. Por ejemplo:

- **Ella:** *¡Qué flojera levantarme a las 6:00! Pero, ¿me puedes despertar, porque tengo una entrevista importante?*

  A la mañana siguiente, nuevamente ella: *¡Dios mío, las 7:00! ¿por qué no me despertaste?*

  Él: *Tú dijiste que te daba flojera y…*

  Él no escuchó la parte de la despertada.

- **Ella**: *Qué cursi escribir cartas de amor, pero creo que a muchas de nosotras nos mueve el sentimiento.*

  Ella, meses después: *Oye, ¿por qué nunca me has escrito alguna cartita, así "romanticona"?*

  Él: *Pues decías qué no te gustaban, que eran cursis.*

  Él no escuchó la parte del sentimiento.

El hombre no está diseñado para escuchar todo el contexto, su hemisferio cerebral que debe recibir esta información no funciona y no la procesa tal cual.

¡En serio, así es el oído masculino!

Tú:	**Él escucha:**
¿Por qué no lo intentas de otro modo?	*Estás haciéndolo todo mal como siempre.*
¿Cómo pudiste hacer eso?	*¡Eres un incompetente!*
Pero, ¿en qué estabas pensando?	*¡Eres estúpido o qué!*
¿Estás listo?	*¿Seguro que te preparaste?*
¿Te acordarás?	*Es probable que lo olvides.*
¿La conoces?	*¿Te gusta? Lárgate con ella, desgraciado.*
¿Te gusta mi minifalda? Se ve genial, ¿no?	*Soy una exhibicionista y me encanta que me volteen a ver los hombres.*

No hiciste lo que te pedí.	*Eres un irresponsable.*
Todos los hombres son iguales.	*Tú no eres la excepción, patán.*
¡No eres tú, soy yo!	*¡Soy yo, soy yo, no te merezco, eres demasiado bueno, galán e inteligente para mí que no valgo mucho!*
Mi último novio era patán.	*Y todavía no lo he olvidado.*

¡Me estás oyendo...!

¿Quieres que en verdad te escuche? Entonces cuando conversen debes tratar de usar las palabras correctas, por ejemplo:

Mejor dile:	**En lugar de**:
A veces siento que tú...	*Tú siempre...*
Deja de hacer eso porque me molesta.	*¡Dónde me la vuelvas a hacer!*
Déjame explicarte lo que siento.	*Tú nunca me comprendes.*

Música para el oído masculino (lo que desearía oír de ti)

Tú:	**Él escucha:**
¡Nadie lo hace como tú!	*¡Te amo!*
Como quieras, cuando quieras, donde quieras.	*¡Soy toda tuya!*
Diviértete con tus amigos.	*Te presento a mis amigas.*
¡Es la cosa más grande que he visto!	*Es la primera vez que lo hago.*

¿Qué marca de cerveza prefieres?	*¡Hoy es la final de futbol! Por qué no te acuestas boca arriba y me lo dejas todo a mí?*
Me gusta cómo me haces el amor.	*¡Guau!, ¿dónde aprendiste a hacer eso?*
Tú hazlo, a mí no me sale tan bien como a ti.	*No me importa el tamaño, pero créeme que tú no necesitas preocuparte...*

Ruido para el oído masculino

Tú:	**Él piensa o siente:**
¿Crees que esa chava es bonita?	*Lo que responda, no quedaré bien contigo.*
Quiero casarme.	*Sé que eso es lo que quieres, mas me da terror.*
Cariño, tenemos que hablar.	*¿Necesito hablar?*
¿Cómo me veo, honestamente?	*Que luces maravillosa.*
¿Qué estás pensando?	Lo primero que se le viene a la cabeza en ese momento. Si está acostado después del sexo y él responde: Pizza, significa que estaba pensando en eso, y no que tú tienes cara de pizza.

Súplica masculina. *Si te pido que me pases el pan, por favor, sólo quiero decir eso. No te estoy reprochando que no esté puesto sobre la mesa, ni estoy insinuando que prefiero tortillas. No hay mensajes ocultos.*

Escucha y haz que él lo haga

Ellos sólo pueden seguir una dirección a la vez, así que, si quieres que vaya a la cocina, te lleve una taza de té y prenda la luz de la cochera, haz tu petición en dos tiempos.

Capítulo 8

Seres fantásticos: sus complejos

Seres fantásticos: sus complejos

Todos los seres humanos estamos inmersos en tantas compulsiones y en tantos complejos, pero sólo nos detendremos en los más comunes.

Peter Pan

¿Al rudo semental que está a tu lado le da por decir tonterías? ¿Tienes la sensación de que ese hombre no ha crecido ni crecerá... que a sus casi 40 años se sigue comportando como un niño de ocho? ¿Sus causas?

La mentira infantil. Cuántas veces no te ha dicho mentiras increíbles que se parecen a las de los niños... tú sólo atinas a decirle ¡ya crece, por favor! Pero, volvemos a lo mismo, desde chiquitos a los hombres se les ha enseñado que no deben llorar ni decir cursilerías aunque sientan ganas de hacerlo, por eso aprenden a mentir y a no mostrar sus sentimientos. Si quieres poner en aprietos a un caballero estréllale la verdad en su cara y lo habrás desarmado.

Cuando mienten, juegan a ser lo que no son y eso los convierte en niños grandes.

Falta de objetivos. Una mujer puede querer ser doctora, abogada, cambiar al mundo y salvarlo de la pobreza, pero la verdad es que muchas mujeres se sienten incompletas si no tienen un hijo. A la mayoría de los hombres, lo que su cuerpo les exige es diversión y la idea de que algún día tendrán un pequeñín y serán responsables pocas veces pasa por sus cabezas. Por eso, se inventan mil y una aventuras, construyen y destruyen cosas, hacen guerras, se pelean, conquistan mujeres y luego las dejan. **Todo** el tiempo están jugando a ser algo que no son y por eso es difícil que se hagan responsables.

Verdades de un hombre que no ha crecido:

- Quiere que te hagas cargo maternalmente de sus necesidades.
- Su comportamiento es el de un niño que no quiere crecer. Hace tonterías a cada rato y cuenta chistes (sin gracia por cierto)...
- Siente que sin tu ayuda, su vida sería un desastre.
- Tiene sueños de grandeza que nunca cumple.
- La mujer de sus sueños tiene los atributos de su madre.
- Siempre está de mal humor, pero cree que es incomprendido.

- Se ama más de lo que te ama.
- Llega tarde a las citas porque su mamá no le planchó la ropa.
- Tiene en su cuarto un aro de baloncesto donde él tira sus calzones cada vez que se los quita.
- Cuando le preguntas qué hará en el futuro, te responde que irá a donde el viento lo lleve.
- A cada paso que avanzan en la intimidad le llama base como en el béisbol.

Cómo jugar con él

En efecto, siempre cabe una pequeña posibilidad de que los hombres que se comportan como niños... **¡Cambien!** Una mujer decidida, que tenga claro lo que quiere y que se atreva a "jugar" con ellos los puede ayudar a dejar las canicas y a madurar. ¡Eso es un hecho!

Peter Pan era muy feliz en su mundo de juegos con otros niños y habría seguido creyendo todas sus historias si no hubiera conocido a Wendy, la niña bonita que le habló del amor, de crecer y madurar, de tener hijos y formar una familia. Entonces Peter conoció otra parte de la vida y ya nunca más fue el mismo.

Si tu galán, de vez en cuando se comporta como un niño, déjalo, no te enojes con él. Después de todo no hay cosa más linda que ser un niño.

Si vieras cada niñería que hace mi galán cuarentón. De vez en cuando, está bien, como tú dices todos llevamos un niño dentro, pero cuando es cada tres minutos dan ganas de darle unas nalgadas y mandarlo a la cama sin "cenar".

Liz, 25 años

Es verdad que hombres y mujeres tienen un niño dentro, pero es muy distinto "tener" un niño a "ser" un niño toda la vida. Tener un niño implica ver la vida como nueva y disfrutar cada momento. Ser un niño es no crecer ni hacerse responsable.

Pinocho

Hay de mentiras a mentiras: las blancas, las piadosas, las infames... Y también es una verdad absoluta: todos las decimos, nadie es inmune. Mas hay algo en el aire que mueve a los hombres a decir **¡muchísimas más**! Y algunas de éstas las repite con mayor frecuencia. Aquí hay una lista de las causas principales por las que les crece la nariz.

Sobre él:

- *Yo puedo arreglarlo* (sobre todo cuando se trata de composturas). La dice porque es cuestión de ego. Para él, un hombre que no componga cosas, no es hombre.
- *Estoy bien.* La dice porque te quiere asegurar que se siente muy bien a pesar de que está triste. No te cuenta la verdad porque ve esa aflicción como una debilidad. Para él sangrar es noble, no aceptar el curita para la herida es divino. ¿Captas?

Sobre ti:

- *No te ves gorda.* La dice porque aunque está consciente de que una que otra llantita se te ve por ahí. Sin embargo, no pretende herir tus sentimientos o crearte inseguridad.
- *Sí, ese vestido se te ve bien.* La dice porque llevas tres horas tratando de decidir qué te vas a poner, él ya desesperó y en ese momento lo que sea es perfecto.

Sobre otras mujeres:

- *No me acosté con ella.* La dice porque aun cuando tengas todas las pruebas, quizá se arrepiente de corazón y no desea que lo mandes a volar.

- *No la estaba viendo*. La dice porque sabe que no puedes comprender que también le atraen otras mujeres, aunque te ame.

Sobre sus relaciones pasadas:

- *Nunca he sido infiel.* La dice porque ustedes consideran que un hombre que engaña a una mujer, así sea una vez, seguirá haciéndolo muchas veces más.
- *Mi ex era linda, pero no tanto como tú*. La dice porque jamás te confesará que ya salió con un "mujerón" y que es maravillosa, pues no tiene la intención de que creas que la ha olvidado y que sólo anda contigo por despecho.

Si te vienen a contar cositas malas de mí...

Además mienten sobre: conquistas, parrandas, trabajo, cuánto gana, a qué le teme, cómo se siente, adónde va, qué le duele, por qué no le dan el divorcio, que la otra no lo comprende.

Y sobre...	
* *Pero si traté de llamarte.* * *El sexo no es lo más importante.* * *No estoy enojado.* * *Después hablamos de eso.*	* *No recibí tu mensaje.* * *Tendré cuidado.* * *No me di cuenta de cómo se veía esa chava.* * *Me puedo enamorar de ti en un minuto.*

No mandes todo a volar y enfréntalo

Cualquiera que sea la reacción de tu galán después de haber sido evidenciado, no debes olvidar el motivo de tu reclamo: ¡sus mentirotas! Déjale muy claro que sus mentiras te han dañado y también a la relación. Ahora bien, las medidas que adoptes dependerán del grado de su falsedad. Si no fueron graves y decides perdonarlo, aclárale que NO tolerarás que se repitan, y que si te das cuenta de que repite la misma farsa, entonces sí que busque otra a quien verle la cara.

> Todos decimos mentiras y sí, hay de mentiras a mentiras, pero de diez cosas que dice un hombre, ¡nueve y media son mentiras! Mi novio es uno de ellos, dice cada mentira. Sin embargo, con el paso del tiempo, las mentiras se han vuelto parte de nuestra relación. Lo malo es que las dice tan convencido que he terminado por creerlas, y lo peor... me ha contagiado su actitud y ahora miento a cada rato.
>
> CARYLE, 31 AÑOS

El Edipo

La artritis, la gastritis y la hepatitis son enfermedades graves; pero la "mamitis" que padecen muchos bigotudos es terminal.

Definitivamente hay algo enfermizo en el "pequeño" que a sus 40 años detenta una fuerte dependencia a aquella que lo llevó penosamente en su vientre por largos nueve meses (si es que no fue sietemesino). Es válido y respetable que muchos amen, ayuden y valoren a su mamá, estén o no con pareja. Pero el asunto se agrava cuando sumisos y abnegados hijos rinden tributo maternal ilimitado, dejando que sus madres se entrometan hasta cuando hacen el amor. Progenitoras que dominan, deciden, restringen, usan y manipulan sutilmente con sugerencias, halagos, indirectas, enojos, llanto, indiferencia y sentimientos de culpa. Así, el "bebé" hace y piensa como mami se lo indica. Allá ellos, ¿no? El problema surge cuando la marioneta tiene novia, pues tal yugo se hace extensivo a ésta. Muchas chicas soportan este apego de él con quien lo trajo al mundo, con la esperanza de que con su amor y devoción lo cambiarán o de que cuando la suegra muera, tomarán su lugar. Sin embargo, ellas mismas caen de manera paulatina en el ardid matriarcal.

Pero no son todos los que están, ni están todos los que son, por ello aquí te van algunos prototipos de hombres que no quieren cortar el cordón umbilical y, lo peor, siendo tú su pareja ¡cómo te afecta!

1. **Puberto.** Es aquel "chamacuelo" que no va a fiestas, convivios, parrandas, cenas, hoteles y moteles, sin el correspondiente permiso firmado por su madre. Ella, antes que nadie, debe saber adónde, con quién, cuándo y por qué. Con sus pasmadas neuronas, él "comprende" que es "por su bien", "ella con tanta experiencia sabe más".

Tú. Estás en una fiesta con él y ya quiere que se vayan, porque ya son las 9 y no avisó que llegaría un poco tarde, ¡y eso que tiene 33 años! Tendrás que acostumbrarte a sus inoportunos cambios de planes, porque su mamá pensó en algo mejor: una película que acaban de estrenar, un excelente restaurante, mejor África que París. Luego, sólo "disfrutarás" una noche romántica, un paseo bajo la luz de la luna, unas vacaciones en el mar o mínimo una salida al pan, si al mazacote en turno le dan la venia maternal.

Él considera que no hay mujer más santa sobre la Tierra que su madre.

2. **Potentado.** Dondequiera que vayas con él, su mamá se les une o les "cae de sorpresa". Basta que le insinúes la intromisión; para que el "potentado" te lance el reproche de su madre. Eso le duele, le toca las fibras más sensibles y accede a llevarla de guardaespaldas.

Tú. Tienen planes de ir al cine y te dice, casi ordenando, que si puede llevar a su mamá. No hallarás forma alguna para decirle que no. Con toda la complacencia de su parte deberás organizar una cena para tres; tres boletos al futbol, una noche de intimidad para tres, se oye asqueroso ¿no crees?

Su mamá te odia y él siempre le da la razón.

3. **Pelele.** No es más que un títere que obedece de manera ciega a su madre. No se atreve a dar un paso sin consultarla, y por supuesto le da carta abierta para que intervenga en su(s) vida(s). Ella dicta las reglas, decide frente a ti qué se va a hacer. Monopoliza su tiempo, atención y dinero. Le da una orden y el monigote, que en ese momento te estaba haciendo el amor, lo deja para acudir presuroso, pues teme que mami se enoje, que pierda su cariño y, lo que es peor, que algo le pase.

Tú. En decisiones importantes no te consulta a ti sino a ella; si hay visto bueno, adelante, si no, no hay poder humano que lo haga cambiar de opinión. Tendrás de él tiempo, atención, amor y sexo a cuentagotas, pues su mamá lo necesita más que tú. Además, dice, ella tuvo que postergar sus aspiraciones profesionales y/o personales para amamantarlo y cambiarle los pañales. Imagínate que a unos segundos de alcanzar el orgasmo más maravilloso que está a punto de darte, suene el teléfono y ¿qué crees?, es mamita y le urge que el "pelele" le ponga un foco. Tú tendrás de él lo que ella quiera, desee y mande.

Madre solo hay una... Y como la de él ninguna.

4. **Fondero.** Es aquel que cacarea de manera reiterada que a un hombre se le conquista por el estómago, más que por el sexo, ¿será? Por tanto desayuna, come, cena y botanea en casa de mamita, pues "hace unos chiles en nogada, pa' chuparse los dedos"; tus chiles son a su lado unas tristes rajas picosas. Ella sí tiene sazón, muy plausible en su justa medida, pero maloliente cuando el "fondero" te lo machaca hasta en sueños.

Tú. Serás caldo fértil de sus majaderías constantes, comparaciones crueles y "platillos voladores". Lo de menos quizás serían frases como: "¡Otra vez mole de olla, carajo, qué no tienes imaginación, qué tu mamita no te enseñó. Habías de ver los guisados que hace la mía!", pero las consecuencias psicológicas de esto se verán reflejadas en una autoestima baja, llanto, inseguridad y mucho coraje.

Primero se muere de hambre antes que comer por su propia mano... pues ¡su mami le tiene que servir!

5. **S.O.S.** Anda por el mundo feliz de la vida, porque tiene por "cabecita blanca" a una rescatista. Aquella que cree vino a este mundo con la "loable" misión de rescatar a su "bebé" de todos los problemas que tenga: le presta dinero, le hace favores (hasta no pedidos), le aconseja y, si por desgracia se ha tomado una copa de más, siente la irresistible necesidad de regresarlo al camino del bien, pues según ella se está descarrilando.

Tú. Inconscientemente lo irás aceptando, pero finalmente, de manera paulatina, puedes lamentar tu falta de decisión y resolución. Habrá un momento en que no sabrás qué hacer sin el "acertado" consejo de mami-suegra.

Súplica masculina. *Conmigo lo que quieras... pero con mi madre no te metas.*

Actúa en consecuencia

Ninguno de estos hombres acepta con facilidad que su novia acuse a la madre de él de frustrar la relación, pues inmediatamente sacará los ojos, interpretará que no la quieres o que la quieres matar de un coraje. Sin embargo, con sutileza bien vale la pena correr el riesgo.

Plan A. Primero habla con él, sin echarle en cara el nombre de ella, habla de ustedes, de su vida en pareja, de su espacio, de sus necesidades, exprésate con la frase "nosotros" para que vaya asimilando que únicamente son dos los que deben estar en sincronía. Si no entiende, entonces pasa al...

Plan B. Explícale de manera relajada los dos problemas de la relación: la excesiva presencia de su mamá y la poca voluntad de él para impedirlo. Dale ejemplos en donde sea evidente cómo ella ha causado conflictos entre ustedes y pídele que actúe. No lo pongas en el dilema de elegir a alguna de las dos, pero exígele que ponga ciertos límites o ponlos tú. Las mujeres que son permisivas al extremo terminan muy dolidas, mientras que aquellas que saben establecer cotos entre ellas y las suegras logran llevar una relación respetuosa y duradera. Si la "marioneta" considera tu punto de vista como una infamia, pues ¿para qué lo quieres a tu lado? Este tipo de "adictos" son como los alcohólicos: sólo cuando tocan fondo se percatan del poder destructivo de sus madres.

> ¡Újule, a su mamá ni tocarla con el pétalo de una rosa: es sagrada, es santa, es modelo a seguir, es inspiración... No me importa si él la tiene en un altar, pero el dolor de estómago surge cuando ella cada vez que puede se

entromete en nuestra vida de pareja... y él feliz. Si yo le digo que algo está mal, se pone como demonio conmigo, pero si su madrecita le dice lo mismo, baja la cabeza y se somete. Yo creo que no soy la única, habemos tantas con este cáncer maternal que...

ANÓNIMA

A. ¡Quiero a mi mami!

Para muchas mujeres el peor enemigo a vencer es la suegra, a veces resulta más fácil ganarle a una amante. Para muchos hombres, su madre es lo más sagrado que existe y por supuesto para ella ninguna mujer podrá cumplir las expectativas de su nene. Si ustedes son astutas, podrán ganársela e incluso anularla. Mas si son inteligentes encontrarán a un caballero que ya no dependa de mami o que esté dispuesto (con su ayuda) a comprender que la mujer más importante de su vida no es la que lo trajo al mundo, sino la que lo hizo feliz.

B. Querida suegra

Si por más que intentas no puedes comprender a tu pareja (quien parece ser la máxima expresión de egoísmo, celos, desconfianza, rebeldía e intolerancia), despreocúpate: no eres tú la responsable de su comportamiento enfermizo y mucho menos de resolver sus conflictos. Aunque suene fuerte, la culpable es la madre del mazacote. Recientes estudios en sicología masculina evidencian que un varón plenamente maduro y satisfecho en todos los ámbitos de su existencia fue un niño atendido con ternura y dedicación de su madre. La relación con ella determina su capacidad de afecto y comprensión, y su actitud sexual en las relaciones de pareja. Así que mamá-suegra estará presente en cualquier momento a través del subconsciente del hijo.

Datos:

- Freud, el padre del psicoanálisis, calificó este tipo de relaciones como Complejo de Edipo (hoy "mamitis"), tomando el término de una tragedia griega escrita por Sófocles hace más de 2 mil años... En ésta, Edipo mata a su padre y se casa con su madre, reina de Tebas. Tiene hijos con ella, y al darse a conocer la verdad, ella se quita la vida, Edipo se saca los ojos y sus hijos mueren después de una vida desgraciada.

- La relación de "mamitis" se insinúa en "Despedida", una canción que se escribió a principios de la Segunda Guerra Mundial. Relata los pensamientos de un soldado que se dirige a la batalla, se despide con frialdad de sus amigos y su novia, mas continúa para decir: "me rompe el corazón dejar atrás a mi madre".

Capítulo 9

Palabra de hombre: qué quiere decir cuando dice...

Palabra de hombre: qué quiere decir cuando dice...

Este capítulo está destinado a todo lo que los hombres dicen de sus labios para fuera... y lo que en verdad quieren decir de sus labios para adentro.

Tierra de faraones

Jeroglíficos: su inentendible forma de hablar

¿Te has preguntado alguna vez qué es lo que quieren decir? Los hombres son como los jeroglíficos egipcios y alguna vez vas a necesitar más que un experto traductor para entender sus mensajes disfrazados.

En efecto, muchos hombres ven, sienten, hablan, piensan, respiran y se mueven como escritura egipcia. Sus complicadas neuronas no están hechas para ponerle al "pan, pan", prefieren la confusión, y la hallan cómoda para sus intereses, a veces mezquinos. He aquí algunos faraones hablando en plata. Y ojo, en la traducción sabrás de qué manera actuar.

2600 A.C.

Faraón Keops. Sabio constructor de la gran esfinge de Gizeh. Cuando su hermano Kefrén le preguntó acerca de aquel animal que de pequeño anda en cuatro patas, luego en dos y finalmente en tres, él titubeó: *dejémoslo para más tarde.*

2010 D.C.

Si tu galán retoma esta frase, significa *dejémoslo para nunca.* Y como ya sospechaste, la utiliza para tratar de librarse de un asunto espinoso (una plática intimidante, una tarea que odia, una chica que le endilgaron...), con la esperanza de que olvides la pregunta o petición. Claro, que eso muestra con certeza la idea de que el hombre (no la mujer) es el único animal que tropieza dos, y hasta cinco veces con la misma piedra, porque ya ha tenido suficientes oportunidades para aprender que cuando algo se le mete entre ceja y ceja, ni enfermándose de Alzheimer se le olvidará.

1295 A.C.

Ramses. Valiente guerrero. Una noche estando en el templo de Amón, que él mismo construyó, se hallaba cabizbajo pues su ejército había tenido bajas importantes. Su mejor amigo, Khufu, lo interpeló sobre su inquietud. *No pasa nada*, aseguró el soberano. Al día siguiente, su imperio se derrumbó.

2010 D.C.

Si tu "monarca" se pasa toda la noche sentado en su sofá, sin articular palabra y sin mover ni un dedo, excepto cuando aprieta mecánicamente el control remoto de la tele, y tú le preguntas qué le pasa, y él balbucea *Nada*. ¿No es nada o es algo? Si "no" es "nada", esto es lo que él puede estar pensando: *Sé que quieres hablar de cómo me ha ido en el trabajo, o del incidente con el jefe o del distanciamiento con mi madre, pero ahora estoy en la casa y mi mente está descansando. Si no digo que estoy bien vas a entrevistarme como a un prisionero de guerra iraquí, y no puedo hablar ahora. Pero si no te respondo será peor, porque entonces te vas a ofender. De manera que mejor tartamudeo un "nada", con la esperanza de que no sigas triturando mis nervios*. A veces el hombre elabora cómo decirte lo que anda mal. *Estoy bien* es casi siempre la mayor mentira, quiere decir: *me encuentro destrozado*. Es una forma de parecer estoico.

1333 A.C.

Tutankhamun. *No quiero apurarme para tener sexo*, repetía constantemente este faraón a sus consejeros que querían imponerle a cuanta esclava hermosa veían. Y ¡cómo! Si el rey tan sólo tenía 9 años de edad cuando asumió el trono. Aunque lo casaron a los 17 y murió meses después.

2010 D.C.

Mas si el que no quiere es tu "pior es nada", y descartando que él tenga un daño cerebral irreversible y sea virgen, debes traducir esta frase como:

1. Se está haciendo el muerto para ver el entierro que le hacen; es decir, está tratando de impresionarte con una fingida sensibilidad para que tú misma le facilites el viaje al colchón.

2. Te halla poco atractiva, mas necesita una mujer y sale contigo de todos modos.
3. Es homosexual y no lo sabe o aún no ha salido del clóset.

Aunque también hay sus excepciones, y podría tratarse de un hombre inteligente que disfruta mucho de tu compañía y sabe que esa primera vez será muchísimo mejor si espera un poco.

1372 a.C.

Akhenaton. Gran constructor de templos y padre de seis hermosas hijas. Cuando su bella esposa Nefertiti deseaba ayudarlo en el trono, él respondía: *¡Mi vida, déjame eso a mí!* O si ella estaba "picando" un papiro, se lo arrebataba diciendo: *A ver, te ayudo con eso.* Akhenaton renegó de sus hijas, buscando el varón que no llegó.

2010 d.C.

En efecto, hoy día se caen de las pencas los muy machos que disfrazan sutilmente su manipulación. Ayudar no es siempre caballerosidad. Estos rescates aparentes pueden significar: *¡Por favor! ¡Déjame probarte que soy mucho más inteligente que tú! ¡No sólo puedo abrir el frasco que tú ni por asomo, sino también seré capaz de cuidarte cuando seamos viejos!* Otras de sus frases favoritas son: *¿Me traes un café por favor preciosa?, Te pudo haber quedado mejor.*

Por tanto, si caes en su juego no te bajará de "mujer florero".

Pues será el sereno, pero yo dejo que ¡todo el tiempo! mi chavo me eche la mano. A mí no me afecta, ni veo que me esté manipulando, ni nada. Al contrario, lo veo como un acto de caballerosidad y de que me quiere ayudar.

DOLORES, 27 AÑOS

1525 A.C.

Amenofis. *No tengo planes de algo serio*, le susurró este faraón a Mut, su insistente novia, aunque se casó con ella meses después y ambos crearon una potencia económica.

2010 D.C.

Esta es una de las frases comunes con la que muchos hombres tratan de disfrazar su terror patológico a la responsabilidad de pareja. Repetida al inicio de una relación, puede sugerir que tú estás poniendo el pie en el acelerador demasiado pronto, y él está temblando ante tu exceso de velocidad. Pero si ya su cepillo de dientes se halla en tu baño y sus calzones en tu ropero, y aún así sigue cacareando que no desea nada serio, entonces el asunto cambia:

1. Trata de asegurar el sexo contigo sin sentirse responsable de tus sentimientos.
2. Está creando condiciones para poder hacerse el loco cuando se produzca la inevitable separación: *te dije desde el principio que no quería nada serio*.

Por tanto, si tú anhelas un compromiso real, esas señales serán la clave para mandarlo a montar camellos.

1198 A.C.

Ramses III. *¿Y quién más estuvo en el templo?*, le susurró un día este monarca a Isis, su prometida.

2010 d.C.

¿Y quién más estuvo en la fiesta?, diría un "reyecito" de hoy. Si fuiste sin él al cumpleaños de tu mejor amigo, a veces tu galán quiere saber con quién estabas. La pregunta podría ser inofensiva. Pero también podría ser un reflejo revelador de sus inseguridades, porque es una forma pasiva de plantear preguntas difíciles: *¿te divertiste sin mí? ¿Te divertiste con alguien más deseable que yo?* También la razón de que él quiera saber exactamente lo que se perdió, o a quién se perdió, puede ser menos atractiva. Quizás estaba alguien con quien hubiera deseado flirtear: *¿estaba Claudia allí? Ella se me ha insinuado todo el tiempo.*

Comprende y actúa en consecuencia. Deja de culparlo por ser indirecto. En nuestra sociedad, los hombres piensan que pueden ser castigados por decir exactamente lo que piensan. Así que no es sorprendente que muchos de ellos no cuenten con un vocabulario extenso para describir sus estados emocionales. En cambio, por lo general transmiten sus más profundos mensajes por la vía de menor resistencia: hablando de manera rebuscada.

> Muchas veces le he dicho casi gritando: "¡por qué no hablas claro!" ¿Y sabes qué me contesta?: "¡más claro ni el agua, creí que ya lo habías entendido!" Y cómo entenderlo con indirectas, insinuaciones o ejemplos de otros. O sea, no estamos en la misma sintonía y creo que él debe saberlo.
>
> Berenice, 28 años

Súplica masculina. *Los hombres vemos nada más 16 colores. El durazno es una fruta y el salmón un pez. Por cierto, ¿qué diablos es el color "fiusha"?, es más, ¿cómo se escribe?*

Simón dice...

Estudios muestran que ellos usan el lenguaje para establecer diferencias y separaciones. Ustedes, las mujeres hablan para conectarse. Así que pedirle que hable, y lo haga de una manera clara... ¡no funcionará! Mejor escucha lo que **dice** e interpreta lo que realmente **quiere decir**.

<table>
<tr><th>Dice</th><th>Traducción</th></tr>
<tr><td>Después de tener sexo: Bueno, cariño, ¿te gustó?</td><td>¿Tuviste un orgasmo y no me di cuenta?</td></tr>
<tr><td colspan="2">Después de que se reponga, él ansía que le digas lo maravilloso que estuvo.</td></tr>
<tr><td>No me gustan los jueguitos.</td><td>Los he jugado todos, así que no me engañes.</td></tr>
<tr><td colspan="2">Con esta frase, él aclara que sabe muchas cosas y te advierte que tengas cuidado con lo que digas o hagas, pues un movimiento en falso y sabrá que le mientes o lo engañas. Tú sabrás si es cierto.</td></tr>
<tr><td>¿Qué crees?, no puedo ir... se me presentó un compromiso.</td><td>Encontré algo mejor que hacer a última hora.</td></tr>
<tr><td colspan="2">Puede que sea verdad, pero generalmente compromiso es compromiso con otra mujer, con los amigos, con él mismo...</td></tr>
<tr><td>En verdad... eres una persona linda.</td><td>Nunca más nos vamos a ver.</td></tr>
<tr><td colspan="2">Tan fácil como decir: no me gustas o no eres mi tipo. Pero pa' no dañar tus sentimientos, mejor te dice esto.</td></tr>
<tr><td>Seamos amigos.</td><td>No eres mi tipo...</td></tr>
</table>

<table>
<tr><td colspan="2">Igual, el disfraz de las palabras para no herir sentimientos.</td></tr>
<tr><td>¿No recibiste mi mensaje?</td><td>Se me olvidó llamarte para cancelar nuestra cita.</td></tr>
<tr><td colspan="2">Sabe que se le olvidó, mas para no quedar como olvidadizo asegura algo para ver si caes... y generalmente muchas caen en la red.</td></tr>
<tr><th>Dice</th><th>Traducción</th></tr>
<tr><td>¿Hace tiempo que conoces a Pedro?</td><td>¿Te has acostado con Pedro?</td></tr>
<tr><td colspan="2">De la forma en que hables de Pedro (entusiasta o indiferente), él sabrá hasta dónde llegaste con él. Ésa es su lógica.</td></tr>
<tr><td>Ahora estoy muy ocupado.
Te llamo cuando pueda.</td><td>No quiero hablar contigo, ahora...ni nunca.</td></tr>
<tr><td colspan="2">Puede que sea verdad, pero cuando tú sabes que no, entonces algo oculta.</td></tr>
<tr><td>No me siento bien.</td><td>¡Ya márchate, por favor!</td></tr>
<tr><td colspan="2">Para no ser tan brusco, emplea su salud para que lo dejes en paz.</td></tr>
<tr><td>(De compras) Sí, te queda bonito, que lindo vestido.</td><td>Agárralo de una vez y vámonos de esta #%"&$! tienda.</td></tr>
<tr><td colspan="2">Sí, muchos odian este proceso, por eso te dicen que sí a todo.</td></tr>
<tr><td>¿Pero, cuál es el problema?</td><td>No entiendo tu problema.</td></tr>
<tr><td colspan="2">Lo que para ti es una bomba de tiempo, para él es un simple cohete.</td></tr>
</table>

<table>
<tr><td>Mis cuates se van a reunir en casa de uno de ellos y tal vez vaya.</td><td>Es una reunión EXCLUSIVA para hombres porque vamos a jugar videojuegos, a tomar, a jugar baraja y a decir palabrotas. Entiendes claramente que no puedes ir conmigo, ¿verdad, mi amor?</td></tr>
<tr><td colspan="2">Como te dije, déjalo ser mientras no se altere la relación.</td></tr>
<tr><th>Dice</th><th>Traducción</th></tr>
<tr><td>Realmente me gustas.</td><td>Creo que me estoy enamorando, pero si digo esa palabra ya no habrá marcha atrás. Aún quiero pensarlo.</td></tr>
<tr><td colspan="2">Simple frase que habla de enamoramiento, sensación de hormigueo y mucho amor a punto de desparramarse como champaña.</td></tr>
<tr><td>Eres una mujer maravillosa.</td><td>Eres una mujer maravillosa y te quiero para mí.</td></tr>
<tr><td colspan="2">En maravillosa entran alegre, generosa, agradable, inteligente... su mujer ideal.</td></tr>
<tr><td>Te amo.</td><td>Soy feliz contigo. Creo que eres mi mujer ideal.</td></tr>
<tr><td colspan="2">Cuando sientas que lo dice con el corazón, ¿qué más puedes pedir?</td></tr>
</table>

Esto nunca antes me había pasado. Cuando es en el sexo, sí le ha pasado, pero lo usa como excusa y que tú lo escuches lo reconforta.

Éstas son algunas expresiones frecuentes que utiliza…

¡Claro, sólo nos acurrucaremos! Muchos hombres no cumplen y de la acurrucada pasan al sexo.

Sólo la puntita. Y cuando menos te das cuenta ya está ¡Todo adentro!

Tú no me entiendes. De la forma en que él quiere que lo entiendas, tal vez no, pero de que lo entiendes, lo entiendes.

Creo que debemos entender que tanto hombres como mujeres somos muy diferentes. Así como ellos tienen sus limitaciones emocionales, también tienen sus cualidades. Lo mismo pasa con nosotras las mujeres. Así de simple.

LUZ, 40 AÑOS

Hazle estas preguntas y lo conocerás por sus respuestas

¿Crees que te pareces más a tu madre o a tu padre? Si cuando te contesta pone énfasis en su madre, puede que sufra apego maternal. Cuando es hacia su padre, y sabes cómo era su papá, entonces tú decide.

Si te dieran a elegir, ¿preferirías ser rico o famoso? Si opta por lo primero, posiblemente tienda más a lo material que a las emociones o al corazón; si quiere cantar en la tele, tal vez haya un tanto de vacío o de monotonía en su vida.

¿Qué rasgo de tu personalidad te gustaría cambiar?

Capítulo 10

Porque te quiero: su control

Porque te quiero: su control

Recuerdas la letra de una canción que dice: "...no controles mi forma de pensar, no controles, no controles, no..." Y en efecto, cuatro docenas de hombres tienen formas "sutiles" de controlarlas a ustedes.

Una relación debe ser equitativa, aprende a negociar y evita que te controle.

Planear como las águilas. Cada fin de semana, con salidas en la mañana, tarde y noche, sin que tú opines. Organizo y lleno todos los espacios y páginas de tu agenda. Y aunque lo que más deseas es no ir, no te niegas por temor a que yo crea que no me quieres, que no deseas estar conmigo o que no te caen bien mis amigos.

Planea tú. Revisa este tipo de situaciones y comienza a tener decisión propia. Esto es, tú elige el lugar adonde ir, qué vestir, qué comer, cuándo regresar, etc. Y de cualquier asunto opina, observa, argumenta y da soluciones. Hazlo y poco a poco él comenzará a darte **poder de decisión.**

¿Dónde andabas? Te celo porque te "quiero demasiado" y no deseo que otros ni siquiera te miren. Obviamente que tú te sientes realmente muy amada, te parece halagador que yo te haga una escena de celos a mitad de una reunión. Pero de esta manera maquillo el control para aislarte de todo mundo, sobre todo de tus (y mis) amigos y de todo aquel que tenga hormonas masculinas. Como celoso que soy, creo que todo lo tuyo es mío por derecho propio. Y no sólo creo que es mío, sino que si no lo tengo, me sentiré incompleto.

¡Fuera máscaras! Primero, explícale sutilmente que sus celos te dañan, te ofenden y te limitan. Si de la sutileza consigues poco, entonces usa palabras fuertes como: *¡te lo advierto!, ¡es la última vez!* Y si su cambio es esporádico, entonces ¿por qué diablos sigues con él? Si continúas, terminarás con la autoestima más baja y hasta golpes puede haber.

No permitas el chantaje sentimental. Te inundo con regalos como flores, joyas y viajes de fin de semana o te hago favores que no has pedido, pues de esta forma controlo que a nada me digas no y que si piensas dejarme lo pienses dos veces, ya que con otro no tendrás lo que conmigo. Este mismo chantaje incluye mis constantes lloriqueos y amenazas de suicidio cada que intentas abandonarme, así te creo un gran sentimiento de culpa, del que difícilmente te repones.

Di no al llanto disfrazado. La mejor manera de combatir el chantaje es frenarlo. Deja de acceder a sus peticiones y actúa con libertad, un chantajista rara vez cumple sus amenazas. De esta manera evitarás que se forme un círculo vicioso que no te dejará salir de las trampas y reforzará la conducta del chantajista, que sabrá que con una lagrimita hará de ti cera y pabilo.

No permitas el acoso. Te llamo las 24 horas del día para saber dónde andas, con quién estás y a qué hora nos vemos. Hasta te regalo un celular carísimo (del que tú te sientes agradecida), pero la idea es conocer todos tus movimientos. Un excelente engaño para mantenerte en un puño. Más que darte, te quito; ésta es la razón por la que te sientes asfixiada, aunque esto lo confundes con amor.

Pon un alto. Piensa en estas trampas y enfréntalo con argumentos y palabras fuertes. El acosador se intimidará y dejará de hacerlo.

Llego cuando menos te lo esperas. De pronto me ves en tu trabajo, topas conmigo cuando sales con tus amigas, me ves parado enfrente de tu escuela o a la salida del baño. Pongo cara de enamorado y preocupado para que este acoso se vea como amor del bueno.

Te bombardeo con e-mails. Sólo para decirte "hola", "¿Cómo estás?", "Te amo", "Te hablo en la noche". La tecnología es mi aliada para regularte de esta forma.

Decido cómo te vas a vestir. Cómo maquillarte, qué comprar, qué usar en la fiesta de tu cumpleaños. Porque de esta manera te hago creer que deseo que te veas decente y bonita, no como una vulgar prostituta. Además, cuando un hombre objeta sobre la ropa de su novia, es porque (según en este ardid) le importa esa mujer, y su actitud tiene que ver más con la preocupación sobre su seguridad que con la inseguridad o control de uno.

Vístete para la ocasión. Que tu capacidad para razonar y elegir no se vea subestimada por un tipo así. La próxima vez que él escoja un vestido... tú toma el que te gusta, no bajes la mirada y póntelo con seguridad. Verás que en breve respetará tu decisión.

Moraleja. Un hombre que realmente te ama, no deseará ni permitirá que te conviertas en su alfombra.

Capítulo 11

Del hombre ideal...

Del hombre ideal...

¿Cuál es el tuyo? Contesta el siguiente test para saber qué tipo de hombre buscas y cuál te convendría más de acuerdo con tus intereses. Por supuesto, los resultados sólo muestran algunos rasgos de la personalidad. Habría que revisar otros aspectos: sentimientos, aspiraciones, tiempo, tipo de trabajo, familia, amigos, entre otros.

1. ¿Dónde te gustaría conocer al hombre de tus sueños?

   a) En una librería.

   b) En un club deportivo o en un gimnasio.

   c) En el trabajo o por medio de amigos.

2. Si tu hombre ideal te invitara a su casa a ver una película, ¿cuál te gustaría?
   a) *Cuando Harry conoció a Sally.*
   b) *Gladiador.*
   c) *Stuart Little.*
3. ¿Dónde crees que esté tu príncipe azul?
   a) En una cabaña en el campo, rodeada de un bello paisaje.
   b) En un bote en medio del puerto.
   c) En un almacén convertido en un departamento moderno.
4. De estos tres galanes de cine, ¿a cuál consideras más atractivo?
   a) George Clooney.
   b) Adrien Brody.
   c) Brad Pitt.
5. ¿Qué estilo de ropa te gustaría que él vistiera?
   a) De diseñador.
   b) Casual.
   c) Con que use suéter y jeans me basta.
6. ¿A dónde irías de vacaciones con el hombre de tus sueños?
   a) Un paseo romántico por París.
   b) De compras por la ciudad.
   c) Mochila al hombro por donde los lleve el viento.
7. En sus ratos de ocio, ¿qué pasatiempo te gustaría que él tuviera?
   a) Que coleccionara libros y tuviera pasión por las aves.
   b) Buceo y alpinismo.
   c) Caza, pesca y tiro al blanco.

8. ¿Cuál sería lo más cursi que él podría hacer por ti?
   a) Tatuarse tu nombre en su brazo.
   b) Ponerle tu nombre a una estrella.
   c) Llegar a tu casa con una caja de chocolates y flores.
9. ¿Tienes una imagen mental de tu hombre ideal?
   a) Una ligera idea.
   b) No, lo reconoceré hasta el día que lo vea de frente.
   c) Sí, una "mezcla"entre mi actor preferido y mi estrella de rock.
10. ¿Cómo sería físicamente?
    a) Robusto y musculoso.
    b) Flaquito pero atlético.
    c) Llenito y pachoncito.
11. Si un día te hiciera de comer, ¿qué te gustaría ver en tu mesa?
    a) Con ese detalle, aunque sea un sándwich.
    b) Una rica pizza acompañada de velas.
    c) Una comida gourmet.

Puntuación

1: a.3	b.1	c.2
2: a.3	b.2	c.1
3: a.2	b.1	c.3
4: a.2	b.3	c.1
5: a.3	b.1	c.2
6: a.2	b.3	c.1
7: a.3	b.1	c.2
8: a.1	b.3	c.2
9: a.1	b.3	c.2
10: a.1	b.2	c.3
11: a.2	b.3	c.1

ENTRE 0-11. NO MUY EXIGENTE

No pides demasiado. Un chico al que le gusta reír y no ve la vida con tanta seriedad sería la pareja perfecta para ti. Te agrada ser tratada como una dama, pero al mismo tiempo disfrutas gozar de igualdad entre los hombres. Un constructor, chofer de camión o un mecánico es la clase de hombre que cubre todos tus requisitos. Así que fíjate que tenga esas cualidades.

ENTRE 11-23. BUSCAS AL SR. SENSIBILIDAD

Un chico estudioso y sensible, que esté contento con su vida es el tipo de hombre que te “ajusta”. Un hombre con iniciativa propia sería tu pareja perfecta, pero alguien obsesionado por triunfar en su carrera a toda costa no sería bueno para ti. Tu hombre ideal es el artista, alguien a quien le guste crear, como un escritor, escultor o alfarero, por ejemplo. Son un poco difíciles de encontrar, pero no imposible.

ENTRE 21-32. PIDES MUCHO

Desafortunadamente miras muy alto y por eso tu hombre ideal no existe. Puedes encontrar a alguien que tenga algunas de las cualidades que buscas, pero no todas. Trata de aterrizar tus expectativas y date cuenta de que tendrás que aceptar a una pareja con fortalezas y debilidades. Probablemente, tu hombre perfecto sea un doctor, un maestro... ellos podrían cumplir tus requerimientos.

¿Quién es el hombre ideal? Tu hombre ideal no necesariamente debe parecerse a Brad Pitt o comportarse como un perfecto caballero o tener mucho billete o hacer el amor a la luz de las velas, ¡no! El hombre que te conviene debe hacerte sentir especial en cada frase, en cada mirada, en la forma en que habla de ti con sus amigos. Debe hacerte sentir amada en cada abrazo, en cada beso, en la forma en que busca darte placer y no sólo sentirlo él. Debe hacerte sentir respetada no criticándote, no burlándose, no haciendo chistes a tus costillas y dándote el lugar que mereces. Una vez que sientas esto, sabrás que lo has encontrado.

¿Buscas al hombre perfecto?

Penélope (la conductora de *12 corazones*), casi al final del programa les pregunta a las 5 chicas que van en busca de pareja: *¿Tu hombre ideal, cómo sería?* Y ellas, con toda la esperanza del mundo, dan un rosario de cualidades que éste debería poseer: inteligente, guapo, tierno, sensible, apasionado, romántico, fiel, atlético, comprensivo, con buen sentido del humor y un largo etcétera. Pero ante falta de pan y tortilla, porque sólo hay tres hombres que no reúnen todas estas cualidades, terminan por agarrar lo que sea. Y en la elección posiblemente llevarán la penitencia.

El hombre ideal, es el que puede cubrir tus expectativas en los distintos niveles: mental, espiritual y sexual. Ése no se da en los árboles o lo encuentras a la vuelta de la esquina. Sin embargo, existe. Pero debes visualizarlo, soñarlo, y anhelarlo para que en el momento menos esperado llegue a ti. Por lo menos, habrá uno que se aproxime a lo que soñaste.

Sé que éstás cansada del *machus silvestri* o el Yeti de las heladas montañas del Nepal: prepotente, inexpresivo, con pésimos modales y ajeno a las cortesías. Gracias a un exhaustivo sondeo femenino, puedes tener la siguiente información. Envíasela a tu galán para que le caiga el veinte de los aspectos que debe trabajar.

Diseño del hombre mmm-mmm-magnífico. El gusto femenino es voluble y exquisito. Unas aseguran que el *"sex appeal"* masculino es una mezcla de simpatía, inteligencia y belleza, otras afirman que el atractivo varonil es directamente proporcional a la hermosura del sujeto en cuestión sin importar ni su coeficiente intelectual ni que sea romántico. Mezclemos los ingredientes físicos y de personalidad en una probeta y tendremos al hombre perfecto, el cual...

Inteligente, guapo, varonil, atento son algunas característi-cas que las mujeres esperan encontrar en su pareja ideal.

Debe tener:

- **Un cuerpo bien proporcionado.** De piel bronceada, que recuerde el trópico y su invariable perversidad. Los cuerpos atléticos forman parte de muchas fantasías femeninas.
- **Fuerza.** Que sea un amante de alto rendimiento, que prometa cinco o seis orgasmos consecutivos en diferentes poses. Que de chico juguetón, cariñoso y tierno al acariciar se transforme en semental. Que te desquicie toda la noche y te haga perder tu habitual compostura.

- **Un pene hermoso,** con la textura, el tamaño, el color, el olor y el movimiento correcto para el sexo. El mito que señalaba al hombre de miembro grande como el mejor amante está en decadencia. Lo prefieren de tamaño normal y aun pequeño, porque lo consideran encantador y travieso para los juegos de alcoba.
- **Hermosura y armonía en su rostro.** Que la suavidad de su piel contraste con lo grueso y sensual de su boca.
- **Voz.** Que tenga una voz seductora como la de Romeo o Cyrano de Bergerac.

Debe ser:

- **Romántico moderado.** De ésos que cuando menos te lo esperas llegan con una botella de vino y una película para pasar la noche juntos en casa; o que reserva una mesa para cenar con velas en un buen restaurante; o que te lleva serenata con un ramo de flores en tu cumpleaños, o llora contigo cuando ve una escena de amor en la tele o te secuestra en una noche de Luna llena... De esos hombres que te susurran al oído que eres la mujer de su vida y que darían ésta hasta por besar tus labios. Uno que quiera sexo, ¡sí!, pero que también sea cariñoso y te envíe mensajes amorosos. Que te considere su alma gemela, y .que se prepare para que el encuentro sexual contigo represente el más dulce homenaje de amor.
- **Seguro de sí mismo.** Que sepa quién es, adónde va, qué quiere en la vida por qué lo hace, con qué fin, cuál es el granito de arena que tiene que depositar en este mundo. Que no le teme a las adversidades de la vida y tenga aspiraciones personales. Que se pare con firmeza, que camine igual. Que cuando diga *te amo,* mire intensamente a los ojos.

- **Inteligente.** Que con su conversación sobre cómo la materia no se destruye, sino sólo se transforma, te tenga más que entretenida. Pero, ojo, sin que su charla llegue a intimidarte o devaluarte.

Debe mostrar:

- **Buen sentido de la moda.** Que sea limpio, bien peinado, con aroma masculino. Pero que no raye en lo metrosexual (aquél hombre que explota su lado femenino, principalmente vinculado a la vanidad hasta el extremo de depilarse o usar tratamientos de belleza, o joyas y accesorios). Pero que tampoco se quede en retrosexual (aquél que regresa a la esencia misma del macho involucionado. Feliz de sus pelos y hasta sus malos olores).
- **Buen sentido del humor.** Que te haga sonreír cuando menos te lo esperes. Que no se sirva el café sin azúcar, sino que endulce sus vidas con su **actitud**.
- **Atento.** Como saber escucharte en momentos cruciales de tu vida como durante el síndrome premenstrual. Que sea tu confidente, tu amante, tu mejor amigo, tu héroe, tu compañero de batalla. Dispuesto a repartir en partes iguales las obligaciones económicas, la educación de los hijos y el trabajo en la casa.

  Aquél con el que compartirías plenamente tu vida, con la certeza de que encontraste a tu media naranja o a tu alma gemela y que te hace sentir verdaderamente feliz. En síntesis, un hombre dispuesto a compartir su vida contigo, con quien puedas ser tú, con quien rías, llores, te diviertas, te ame, lo ames, te comprenda, lo comprendas, se peleen, se reconcilien, tengan puntos de vista distintos, comparta y crezcan juntos.
- **Excelente trato.** Con él mismo, con los demás y contigo.

Debe ser...

Un mago. Capaz de hechizarte con su mirada, con su roce, con su sonrisa, con su plática. Con la forma en que te lleva colgada de su brazo.

Que te haga sentir la chica más amada y respetada del mundo. Que te haga flotar en el aire y bailar un vals.

Que su pasión saque a la luz a la mujer impetuosa y a la colegiala enamorada que llevas dentro.

- **Y que genere un halo de misterio.** El hombre **perfecto** que con ese matiz de misterio, llega en medio de la noche y te hace temblar, te mira y se te aflojan las piernas; te toca y casi te desmayas. Te embruja y te hace flotar.

El hombre ideal

Sabe de su misión en la vida. Del por qué está aquí y qué rumbo tomar. Que sepa cómo hacerlo. Que tenga (y te contagie) aspiraciones personales.

- No vive en un valle de lágrimas, sino en uno de logros y reconocimiento.
- No teme fracasar.
- Es seguro de sí mismo, confiado, realizado. El que te da el mando sin sentirse amenazado.
- Decidido ante cualquier oportunidad que se le presente.
- Generoso pues sabe que la vida le devolverá el favor.
- Humilde ante todos.
- Responsable ante ti, ante él y ante la vida.

El hombre ideal admite que no tiene todas las respuestas, expresa temor o, desgaste emocional, busca apoyo en tus brazos.

Y prefiere olvidar el futbol antes que fechas importantes como tu cumpleaños, tu santo y aniversario de novios...

Escucha. Tu hombre ideal debe llenar sus necesidades complaciéndote a ti.

El hombre de tu vida es:

- Tu confidente y te da la confianza de pareja.
- Tu mejor amigo, con el que puedas acostarte en la cama sólo porque tienes frío y él lo acepte sin que quiera sexo.
- Tu héroe, porque te apoyó en momentos difíciles. Una especie de caballero andante de resplandeciente armadura, listo para rescatarte.
- Tu compañero de batalla que acepta que tiene derechos contigo, pero más obligaciones y desea compartirlas.
- Tu respiro. Pues sabe respirar y te da un respiro, o sea tu espacio.
- Tu oyente. Tiene la delicadeza de escuchar tus quejas, tus confidencias, tus alegrías y tus silencios.
- Tu sentimiento, porque sientes hormigas en la panza o arritmia cardiaca cuando lo ves.
- Y finalmente, el **hombre perfecto** debería poseer una mirada expresiva y relajada. Que al verte con tanta quietud y embeleso, te reflejes en sus ojos y te veas tan hermosa, tan sensual, tan deseable...

¿Es mucho pedir?

Visualízalo. Si en verdad deseas que el hombre con todas las virtudes antes mencionadas descanse en tu regazo, haz lo siguiente:

1. Ponte cómoda, respira correctamente, cierra tus ojos y permite que tu mente juegue, cree y se expanda con las imágenes que ve.
2. Enseguida observa a ese chico, dale forma, llénalo de los atributos, añade movimiento y color. Hazlo así durante una semana, a la misma hora.
3. Después de este tiempo ya sabes lo que quieres, lo has reafirmado, y lo tienes empaquetado en tu subconsciente.
4. Ahora, pon tu mente en una burbuja mágica imaginaria, en ella coloca a ese ejemplar masculino. Déjala ir y observa cómo se va flotando por el universo con tu deseo encerrado. Cuando liberas tu sueño estás permitiéndole al universo que te responda, y rápido. Soltándole las amarras a tu sueño, vuelve a ti, más grande de lo que te puedes imaginar.

Ponte alerta y ten un poquito de fe. El primer paso es creer que los sueños pueden convertirse en realidad. Los grandes logros han comenzado por un sueño. Suerte.

Tú: la mujer perfecta... La princesa de su cuento

Aunque suene increíble los hombres también sueñan con encontrar a la mujer de sus sueños.

Para finalizar haremos una breve selección de los atributos, que un cúmulo de varones anhelan en una mujer. Algo así como la princesa de los cuentos.

Pues sí, son muchos los caballeros que las prefieren rubias, con mucha carne, por delante y por detrás y hermosas facciones. Aunque son más quienes buscan en una mujer algo más que curvas, minifaldas, escotes pronunciados y bolas por doquier. Y qué es ése algo más:

Una mujer que sea...

- Inteligente, no por su alto coeficiente intelectual, sino porque sepa quién es, adónde se dirige, qué quiere en la vida, qué es lo que quiere de su pareja.
- Congruente con lo que dice, hace y piensa.
- Justa con ella misma y con los demás.

- Honesta, decidida y hasta cierto grado **atrevida**.

UNA MUJER QUE SEPA...

- Marcar límites en su vida, con los amigos y con su pareja.
- Amar con intensidad y que se deje amar.
- Susurrar, hacer arrumacos y dar besitos.
- Respirar y dejar respirar.
- Tener espacios y sepa darlos.
- Cómo llegar a sus metas.
- Cómo sacarle jugo a la vida.

UNA MUJER QUE DESPRENDA...

- Integridad: una cualidad que designa una manera de ser y de vivir, marcada por la coherencia con ella misma.
- Carácter para no dejarse manipular por cualquiera y frente a cualquier situación por muy difícil que sea.
- Simpatía, carisma, honestidad y buen trato para con los demás.
- Sobre todo, **actitud** y una **autoestima** alta.

Sé como una princesa. Aquí sí es válido generalizar: todos los hombres sueñan con una princesa para rescatar, esa tierna mujer que siempre le agradecerá a su héroe haberla salvado y que lo amará y honrará por los siglos. Una princesa es para ellos como un pastel para una mosca.

Con una "princesa" cientos de caballeros andantes sentirán la necesidad de montar en un caballo blanco, tomar una espada y pelear contra todo aquello que se interponga en su relación de pareja.

Si le concedieran un solo deseo, la mayoría de los hombres pediría *envejecer junto a la mujer que aman*, mucho más que ser un millonario o un héroe de pantalla.

Fuente: Encuesta de Euro RSCG Worldwide, aplicada entre hombres de 21 a 38 años.

Así los hombres

Para terminar este libro sólo falta que te cite unas palabras de Jolin Gray: *Cuando los hombres y las mujeres son capaces de respetar sus diferencias, el amor tiene entonces la oportunidad de florecer.* No hay más. **Suerte**.

Bibliografía

Alain, Valtier, *La soledad en pareja*, México, Editorial Paidós, 234 pp.

David, Niven, *Los 100 secretos de las parejas felices,* México, Editorial Norma, 241 pp.

Elizabeth, Hilts, *Manual de la perfecta cabrona,* México, Editorial Diana, 103 pp.

George, Weinberg,*¿Por qué los hombres no se comprometen?,* México, Editorial Océano, 210 pp.

Gisela, Runte, *¿Por qué somos infieles las mujeres?,* México, Editorial Gedisa, 200 pp.

John, Gray, *Marte y Venus,* México, Editorial Océano, 339 pp.

John, Gray, *¿Por qué chocan Marte y Venus?,* México, Editorial Océano, 247, pp

María, Elena, Maroto, y Sandra Hadad, *Parejas ¿parejas?,* México, Editorial Norma, 200 pp.

Sergio, Sinay, *Misterios masculinos que las mujeres no comprenden,* México, Editorial Océano, 215 pp.

Stephen, Arnott, *Sexo, manual del usuario,* México, Editorial Vergara, 286 pp.

Páginas electrónicas

www.educasexo.com
www.parahombres.com
www.hoymujer.com
www.sexualidadmasculina.es
www.Matchmaker.com

Índice

Esta obra se terminó de imprimir en agosto del 2010
en los talleres de Graphic de México
c.15 de junio de 1861 #-1940
col. Leyes de Reforma c.p. 09470
México D.F.
Tiraje 5000 ejemplares

